백성을 **사랑**한 **세종대왕**과 훌륭한 **인재**들

인물로 읽는 한국사

백성을 사랑한 세종대왕과 훌륭한 인재들

안선모 글 | 권문희 그림

휴먼어린이

초대하는 글

리더십이 중요한 때입니다. 가정, 학교, 직장, 나라 등 어디든지 올바른 리더십을 갖추고 있는 사람이 있다면 행복한 가정, 즐거운 학교와 직장, 멋진 나라가 되는 건 그리 어렵지 않을 거예요.

조선 시대, 훌륭한 국왕이 많았습니다. 하지만 세종대왕은 어떻게 그 여러 명의 업적을 합친 것보다 위대한 업적을 남겼을까요? 그 비결은 바로 세종대왕의 리더십에 있었습니다. 그렇다면 그 리더십의 정체나 비결은 또 무엇일까요?

세종 이야기를 쓰면서 확실히 알게 되었습니다. 그것은 바로 주위의 인재들이었다는 것을요. 세종 시대의 인재들은 '임금은 비록 세종이지만 이 나라의 주인은 바로 나'라는 마음가짐으로 자신의 소임을 다하였습니다. 그렇게 신하들이 책임감을 갖도록 만든 것은 과연 무엇일까요? 그렇습니다. 바로 리더십이었던 겁니다.

백성을 하늘처럼 여기고, 헌신하는 임금. 인재를 선발하고 길러 그들이 마음껏 일할 수 있도록 자리를 만들어 주는 임금. 신하들의 의견을 귀담아듣는 임금. 억울한 재판이 없도록 하고 사회적

약자를 우선적으로 배려하는 임금. 외교로 전쟁을 막고 문화 융성을 위해 애쓴 임금. 자기 관리를 철저히 하려고 노력하는 임금. 바로 그런 임금이었기에 가능한 일이었지요.

　이 책에는 세종대왕을 비롯하여 네 명의 인물 이야기를 실었습니다. 세종 시대에는 뛰어난 인재가 많아 네 명을 선정하기가 참 어려웠습니다. 고민 끝에 정치, 국방, 농업, 천문학 분야로 나눠 각 한 명씩 선정해 보았습니다. 황희와 함께 멋진 콤비 플레이를 펼친 맹사성부터 6진 개척에 큰 공을 세운 문관 출신의 호랑이 장군 김종서, 《농사직설》을 펴내어 농민들의 시름을 덜어 준 정초, 조선의 하늘과 시간을 새롭게 연 이순지까지. 각기 분야는 다르지만 백성들이 잘 사는 나라를 만들기 위해 최선을 다한 분들입니다.

　더 많은 인물을 싣지 못해 아쉽기는 하지만, 독자 여러분에게 또 다른 인물을 찾아볼 기회를 드리는 것으로 위안을 삼겠습니다. 책을 읽고 난 후 각 인물의 남다른 점을 찾아보세요. 색다른 재미를 안겨 줄 겁니다.

2021년 5월

안선모

차례

초대하는 글   4

세종대왕 · 8
백성을 위해 글자를 만들다

김종서 · 40
백두산 호랑이, 여진족을 몰아내다

맹사성 · 70
임금을 도와 평안한 세상을 만들다

정초 · 100
굶주리는 백성을 위해 농사를 연구하다

이순지 · 128
조선의 하늘과 시간을 새롭게 열다

부록 역사 선생님이 들려주는 세종 시대 이야기 157

세종대왕

백성을 위해 글자를 만들다

백성들이 잘 사는 나라

1420년(세종 2년) 3월, 세종은 집현전(궁중에 설립한 학문 연구 기관)을 설치했다. 왕이 되자마자 젊은 학자들을 모아 연구하기 위해 신하들에게 이렇게 명했다.

"나라가 발전하기 위해서는 국가 정책을 깊이 있게 꿰뚫어 보고 분석하며 연구하는 학자들이 필요합니다. 그러니 어서 빨리 집현전을 설치하도록 하시오."

하지만 세종이 그토록 고대하던 집현전은 1년이 지나서야 설치되었다.

'백성이 잘 사는 나라가 되기 위해서는 임금이 어질고 슬기로워야 한다. 그러자면 임금은 책을 가까이해야 한다. 나라 안의 훌륭한 인재들과 함께 학문을 연구할 생각을 하니 가슴이 떨리는구나.'

세종은 집현전을 설치한 후, 과거에 합격한 젊은 인재를 뽑아 학사(학문 연구를 전문으로 하는 선비)로 삼았다. 학사들은 세종의 적극적인 지원 아래 학문 연구에만 몰두했다. 세종은 집현전 학사들과 자주 만나 학문을 논의하고, 함께 책을 읽고 토론을 했다. 세종은 그들에게 궁중 음식을 대접하기도 하고, 때때로 임금이 먹는 음식을 특별히 내리기도 했다.

세종이 학사들과 즐거운 나날을 보내고 있던 어느 날이었다. 궁궐 밖에 걸어 놓은 신문고 소리가 크게 울렸다. 신문고는 태종 임금 때 백성을 위해 대궐 밖에 설치한 북이었다. 백성들은 억울한 일이 있으면 이 북을 쳐서 임금에게 알렸다.

"그래, 북을 울린 까닭이 무엇이라고 하더냐?"

"한 백성이 논 열 마지기 중에 다섯 마지기를 팔기로 했답니다. 그런데 나중에 보니 열 마지기 모두 판 것으로 되었다 합니다."

"무척 억울하겠구나. 그런데 사고팔 때 분명 문서를 작성했을 텐데 어떻게 그런 일이 일어날 수 있는가?"

세종이 고개를 갸우뚱하자, 신하가 얼른 대답했다.

"논을 팔 때 문서를 작성하긴 했지만……."

신하가 안타까운 표정으로 다음 말을 이었다.

"그 백성이 까막눈이라 문서 내용을 전혀 몰랐던 모양입니다."

신문고를 통해 백성들의 딱한 사정을 들으면서 세종은 가슴이 답답했다.

'백성들이 글자를 모르니 이렇게 많은 문제가 생기는구나. 백성을 위한 정치를 하려고 해도 백성들과 뜻이 통하지 않으니 어찌하면 좋단 말인가?'

그러면서 세종은 예전에 자신이 공부하던 때를 떠올려 보았다. 처음부터 끝까지 온통 한자로 된 책으로 공부하면서 세종은 많은 어려움과 불편함을 겪었다. 글을 제대로 익히기 위해서는 책 한 권을 수십 번 읽어야 했고, 때로는 백 번씩이나 읽어야 할 때도 있었다. 그렇게 해도 뜻을 정확하게 모를 때가 많았다. 또 책을 읽다가 어려운 단어나 구절을 만나면 한자 사전을 찾아보곤 했는데, 찾기도 어렵거니와 찾았다고 해서 그 뜻을 금방 이해할 수 있는 것도 아니었다.

한자는 원래 중국 글자지만, 중국 사람들도 제 나라 글자를 어렵게 여기고 있었다. 글자의 수효가 무려 5만 자 가까이 되는데다 모두 뜻글자이기 때문에 평생 동안 외우고 읽어도 다 알 수 없었다. 그러므로 양반들이 아니면 배우기 힘든 글자가 바로 한자였다.

일반 백성은 대부분 까막눈이어서 여러 가지로 불편한 점이 많았다. 나라에서도 온 백성에게 알려야 할 중대한 일들을 제대로 신속히 알릴 수 없었다. 변란이 일어나거나 중요한 정책을 발표할 때, 길거리에 방(널리 알리기 위해 써 붙이는 글)을 붙여도 그 내용이 백성들에게 전해지려면 너무 오랜 시간이 걸렸다. 전쟁이 일어나 급히 군사들을 소집하면, 전쟁이 다 끝나서야 군사들이 모이는 꼴이었다. 금주령이 내려졌는데도 방이 나붙은 저잣거리를 술에 취해 멋모르고 휘젓고 다니다 호되게 곤욕을 치르는 백성들도 많았다. 이 모든 게 글자를 모르기 때문에 일어난 일이었다.

"백성들이 말은 자유롭게 할 수 있지만, 그 말을 글자로는 쓸 수 없으니 이 노릇을 어찌하면 좋을꼬?"

세종의 고민은 점점 깊어졌다. 그러던 중 1428년(세종 10년), 아들이 아버지를 살해하는 사건이 일어났다. 이 사건으로 온 나라가 들끓었다.

"이런 일은 다시는 일어나서는 안 될 패륜 행동이니 엄히 다스려야 합니다."

신하들의 주장을 잠자코 듣고 있던 세종이 드디어 입을 열었다.

"엄히 다스리는 게 과연 가장 좋은 방법일까?"

세종의 말에 신하들이 눈을 동그랗게 떴다. 도무지 이해할 수 없는 질문이었다. 세종은 백성들에게 유학과 법을 가르쳐야 한다고 늘 생각해 왔던 참이었다.

"백성들을 가르치기 위한 책을 만드시오. 먼저 효에 대한 책을 만들어 백성들이 항상 읽도록 하시오."

그렇게 만들어 낸 책이 《삼강행실도》였다. 이 책은 백성들의 품성과 도덕을 바로잡고 순화시키기 위해 펴낸 책으로서 글을 모르는 백성들을 위해 그림을 곁들였다. 그런데 그림을 넣어 설명해도 한자를 모르는 사람들은 그 내용을 이해하기 어려웠다.

'그렇다고 모든 책과 중요한 법령들을 일일이 그림으로 풀어 설명할 수는 없는 노릇이다.'

4년 후 1432년, 세종은 법률에 관한 책을 이두로 편찬하여 백성들에게 읽히게 했다. 하지만 그것도 쉽지 않았다. 이두는 우리나라의 옛 문자로, 신라 시대에 만들어진 것인데 완전한 우리 글자가 아니라 한자를 빌려 쓰는 글자였다.

'수시로 법령을 공포하고 백성들의 생활에 도움이 되는 책을 펴내도 백성들이 글을 읽을 줄 모르니 무슨 소용이 있겠는가. 백성들이 법률을 모르니 억울하게 피해를 입고, 또한 범죄는 줄어들지 않는다. 이런 일들이 자꾸만 일어나는 원인은 백성들이 글을 모르기 때문이다. 백성들이 글을 안다면 좋은 글을 읽고 감화되어 범죄도 줄고 억울하게 처벌을 당하는 일도 줄어들 것이다.'

세종은 백성을 가장 먼저 생각하는 임금이었다.

'백성들이 잘 사는 나라는 과연 어떤 나라일까?'

그러다 마침내 세종은 결론을 내렸다.

'백성들이 잘 사는 나라를 만들려면 백성이 쉽고 편하게 쓸 수 있는 글자가 있어야 한다. 이제 우리 백성들도 우리말과 생각을 옮겨 적을 수 있는 글자를 가져야 한다. 그래, 글자를 만들어 보는 거야.'

백성을 가르치는 바른 소리, 훈민정음

세종은 서두르지 않고 차근차근 글자를 만들어 보기로 했다. 마침 언어학의 대가로 유명한 명나라의 한림학사 황찬이 요동으로 귀양 왔다는 소식이 들려왔다. 세종은 성삼문과 신숙주를 열세 번이나 요동으로 보내 정확한 발음을 배워 오도록 했다.

처음에 세종은 집현전 학사들에게조차 새 글자 개발을 비밀에 부쳤다.

'새 글자를 만든다는 사실이 알려지면 한문을 최고의 글로 여기는 신하들이 벌 떼같이 들고일어나 반대할 것이다. 또한 중국의 압력도 거세어질 것이다. 아무리 임금이지만 조정 중신들의 반대가 심하다면 글자 만들기가 쉽지 않으리라.'

그런 생각으로 세종은 한동안 혼자서 한글 연구에 몰두했다. 그러면서 세종은 새로운 글자를

만드는 목적에 대해서 생각해 보았다.

'백성들을 위한 글자는 어떤 글자여야 할까? 첫째, 글자가 간단해야 한다. 먹고살기 바쁜 백성들이 쉽게 익히고 배울 수 있어야 하니까. 둘째, 쉬워야 한다. 백성들이 사용하는 데 어렵거나 불편하면 무슨 소용이 있겠는가.'

세종은 먼저 글자가 만들어지는 원리를 알기 위해 나라 안팎에서 문자와 관련된 책들을 구해 읽었다.

'한자와 같은 뜻글자보다 소리 나는 대로 적는 소리글자가 좋겠다.'

세종은 소리글자로 기본 방향을 잡고 세부적인 연구를 계속했

다. 하지만 문자 개발은 세종 혼자서는 힘든 일이었다. 세종은 궁리 끝에 은밀히 왕자들과 궁녀들을 불러 모았다.

"입을 이렇게 동그랗게 벌리고 소리를 내 보아라."

왕자와 궁녀들이 세종의 설명에 따라 입을 벌려 소리를 냈다.

"아, 어, 오, 우, 이."

"이제 됐구나. 모음이 만들어졌으니 자음을 만들어 보자. 그래! 기역, 니은……."

세종은 글자의 소리와 함께 왕자와 궁녀들의 입 모양을 유심히 살폈다. 입 모양을 종이에 붓으로 그려 가며 우리글의 생김새에 대한 실험을 계속해 나갔다. 그렇게 하나둘 글자가 만들어졌다.

그러던 중 세종의 건강이 나빠졌다. 충청도 청주에 내려가 차가운 초정 약수에다 눈을 씻어 보기도 하고, 온양과 이천의 뜨거운 온천에 몸을 담가 보기도 했지만 별다른 효과가 없었다.

"아, 눈이 따끔거리고 온몸이 바늘로 찌르는 듯이 아프구나!"

그래도 세종은 손에서 책을 놓지 않았다. 심지어는 휴양지에까지 한글 연구에 관련된 책들을 챙겨 갔다. 나날이 세종의 몸은 야위었다. 결국 나라 다스리는 일을 잠시 세자에게 맡기고 한동안 글자를 만드는 데만 집중했다. 집현전 학사들도 차츰 세종의 뜻을 알게 되었다.

"전하, 이제 몸을 돌보셔야 합니다."

"이까짓 병은 아무것도 아니오. 백성들이 글을 깨쳐 눈을 뜰 수 있다면 그보다 기쁜 일이 어디 있겠소."

새 글자가 모두 만들어지자 세종은 학사들을 불러 모아 선보였다.

"자음과 모음을 합쳐 쓰면 어떤 소리든지 글자로 나타낼 수 있다는 게 놀랍습니다."

"글자가 쉬워서 백성들도 금방 배울 수 있을 것입니다."

"전하께서 몸을 돌보시지 않고 애쓴 결실이옵니다."

1443년(세종 25년) 음력 12월 30일, 한 해의 마지막을 보내는 회의가 열렸다. 세종은 신하들이 모인 자리에서 새 글자를 발표했다.

"백성이 억울한 일을 당해도 글을 몰라 피해를 보는 일이 많았다. 이에 백성들을 편안하게 하기 위해 언문 스물여덟 자를 만들었다. 초성, 중성, 종성이 모여 글자를 이루니 읽고 쓰기 편하다. 우선 궁궐 안에서 새 글자를 먼저 써 보도록 하라. 고칠 점이 있다면 더 연구해서 백성들에게 알리도록 하겠다."

세종은 새 글자에 임시로 '언문'이라는 이름을 붙이고, 백성들이 쓰는 데 불편함이 없도록 좀 더 다듬기 위해 궁중에 '언문청'을 설치했다.

이러한 소식이 알려지자 궁궐이 발칵 뒤집혔다. 집현전 학사 7명과 신하들이 반대 상소를 올렸다. 이들은 새 글자에 대한 반대 의견을 조목조목 적어 올렸다. 그중 가장 강력히 훈민정음 반포를 반대한 사람은 집현전 부제학(정3품 당상관의 벼슬)이었던 최만리였다.

'예부터 중국의 한자를 잘 써 왔는데, 뭣 하러 중국의 심사를 건드릴 일을 벌이는가. 한자를 버리고 자기 글을 만들어 쓰는 건 오랑캐나 하는 짓이다. 이두라는 고유의 표기법도 있으니, 괜한 일 벌이느라 국력을 낭비하지 말자.'

반대 의견을 꼼꼼히 읽어 본 세종은 최만리 등을 불러 토론을 벌였다.

"조선은 명나라를 섬기고 한자를 사용하고 있습니다. 한자를 멀리하고 제 나라 글자를 가지는 것은 오랑캐들이 하는 짓입니다."

"중국과 다른 문자를 만드는 것은 큰 나라를 모시는 예의에 어긋나는 일입니다."

"설총의 이두가 있는데 굳이 언문을 만들 필요가 없습니다. 글이 있어도 백성들의 원통함을 푸는 데는 도움이 되지 않습니다.

게다가 신하들과 상의 없이 문자를 보급하는 것은 절차상 맞지 않습니다."

세종은 차분하게 말했다.

"어째서 그대들은 중국만을 최고로 여기는 사대사상에 집착하고 있는가. 우리 민족 고유의 글자가 있으면 안 되는 이유가 뭔가. 중국의 눈치를 봐야 하기 때문인가?"

그러자 한 신하가 말했다.

"한자로도 충분하니 쓸모없는 연구를 제발 멈추소서!"

또 다른 신하가 맞장구를 쳤다.

"맞사옵니다. 여태까지 아무 불편 없이 잘 살아왔는데 새삼스레 무슨 글자가 필요하단 말이옵니까?"

"새 글자가 쓸모없는지 경들이 어찌 아느냐? 백성들도 그대들처럼 불편 없이 살았다고 생각하는가?"

세종의 목소리가 높아졌다. 세종은 잠시 말을 멈추고 화를 가라앉혔다.

"중국의 글자인 한자로는 우리 민족의 말과 생각을 모두 표현할 수 없소. 더군다나 한자는 학자들도 그 뜻을 이해하기 어려운 글자이오. 그러니 일반 백성들은 어떻겠소?"

하지만 신하들은 계속 반대를 했다.

"전하, 지금껏 백성들이 문자를 모르고 교육을 받지 못해서 비루한 짓거리를 해 온 것이 아닙니다. 사람의 천성은 교육으로 고쳐질 수 있는 게 아닙니다."

한 신하의 말이 끝나자 세종은 버럭 화를 내며 말했다.

"감히 어디서 과인의 백성을 비웃는 게냐? 백성의 천성이 좋아질 수 없다면 너희 신하들은 무엇 때문에 여기 나와 있는 것이냐? 단지 백성 위에서 권세를 누리기 위해서인가?"

신하들은 깜짝 놀랐다. 세종이 이렇게 목소리를 높이며 화를 내는 것을 처음 보았기 때문이다. 세종은 반대 상소를 올린 신하들을 모두 감옥에 넣었다. 그날 밤, 세종은 뜬눈으로 밤을 새우며 옥에 가둔 신하들의 마음을 헤아려 보았다.

'신하들이 반대하는 까닭은 언어에 대한 기본 공부가 부족한 탓이고, 예로부터 내려온 관행이 몸에 배어서이다. 그들은 아직도 백성을 사랑하는 나의 마음을 헤아리지 못하고 있다. 하지만 그런 그들도 내가 감싸야 할 소중한 나의 신하들이다.'

다음 날, 날이 밝자마자 세종은 신하들을 모두 풀어 주었다.

1445년, 새 글자로 쓴 첫 작품 《용비어천가》가 나왔다. 《용비어천가〉는 정인지, 권제, 안지 등이 이씨 조상들의 조선 왕조 창업을 기리며 쓴 서사시였다. 세종은 새 글자의 이름을 '훈민정음'이라고 지었다. '백성을 가르치는 바른 소리'라는 뜻이었다. 이듬해인 1446년 9월, 세종은 훈민정음을 반포했다. 양반들은 여전히 훈민정음을 무시했지만, 세종은 아랑곳하지 않고 훈민정음으로 쓴 책들을 많이 펴냈다.

"죄수들의 조서나 판결문, 왕이 내리는 교서도 한자와 훈민정음, 두 가지로 쓰도록 하라. 과거 시험 과목에도 훈민정음을 추가하라."

세종의 명에 따라 이제 양반들도 관직에 오르려면 훈민정음을 배워야 했다. 훈민정음은 백성들 사이에도 퍼져 나갔다. 훈민정음을 쓰는 사람들이 갈수록 늘어났다.

형벌과 세금 제도를 개혁하다

백성들을 위한 세종의 노력은 여러 방면에서 이루어졌다.

"백성들이 편안하게 살려면 무엇이 변해야 할까?"

세종은 백성들의 어려운 생활을 보면서 늘 안타까워했다.

"그렇다! 형벌과 세금 제도가 바뀌어야 한다. 백성들이 힘겨운 세금 부담에서 조금이나마 벗어나도록 해 주자. 또 백성들에게 함부로 형벌을 내리지 않도록 하자."

세종은 형벌과 세금 제도를 개혁하기로 마음먹었다.

"나라의 질서를 바로잡기 위해서는 당연히 법이 엄해야 한다. 하지만 죄인을 벌하는 것은 죄를 다스리기 위한 것이지 그 사람이 미워서가 아니다. 그러므로 감옥을 지키는 관리는 죄인을 함부로 다루어서는 안 될 것이다. 또한 죄인들이 병들거나 굶어 죽지 않도록 잘 보살펴 주어야 한다."

세종은 죄인들이 스스로 뉘우쳐 새로운 사람이 되도록 하는 데 형벌의 목적을 두었다.

"죄를 지은 자는 누구든 반드시 정한 법에 따라야 한다. 그러나 비록 큰 죄를 지었더라도 실수로 저지른 것이라면 가벼운 벌로 다스리도록 하라."

세종은 죄인을 사형시키는 경우에도 반드시 세 번 심판을 해서 신중하게 처리하도록 엄명했다. 1426년(세종 8년)에는 금부삼복법을 만들었는데, '금부'란 죄인을 처벌하는 의금부(오늘날의 경찰청이나 검찰청과 같은 관청)이고 '삼복'이란 한 가지 사건을 세 번에 걸쳐 조사하고 판결해서 억울한 사람이 없도록 한다는 뜻이다. 형벌로 등을 맞다가 목숨을 잃는 경우가 많아지자, 세종은 죄인을 매로 쳐서 다스리는 형벌 중에서 등을 때리는 벌을 금지하고 대신 볼기를 치도록 바꾸기도 했다.

"나이 많은 노인이나 어린아이들이 죄를 지었을 경우, 여러 가지를 배려해서 다스리도록 하라. 70세 이상의 노인과 15세 이하의 어린아이는 살인이나 강도 같은 큰 죄가 아니면 옥에 가두지 말라. 또 80세 이상의 노인과 10세 이하의 어린아이는 사형에 처할 만큼 무거운 죄를 지었더라도 역시 옥에 가두지는 말라. 노인은 세상 떠날 날이 머지않았고, 어린아이는 아무것도 모르는 철부지이기 때문이다."

양반과 노비의 신분 차이가 엄격했던 조선에서 천민들은 양반들의 무자비한 억압과 학대에 시달리기도 했으며, 노비들은 양반들에게 뭇매를 맞아 죽기도 했다. 이러한 사실을 알게 된 세종은 양반들에게 명했다.

"자기 집에서 부리는 하인이라 하더라도 함부로 처벌하지 말고 반드시 법으로 다스리도록 하라. 천대받고 살아가는 노비들이지만, 똑같은 사람이다."

농사가 모든 산업의 근본이자 으뜸이었던 조선에서는 나라에 바치는 세금도 돈보다는 주로 곡식이었다. 그러나 곡식으로 세금을 거둬들이는 법 자체가 엄격하게 지켜지지 않았고, 무엇보다 토지의 등분이 정확하지 못했으며 세금을 매기는 것도 공평하지 못했다. 지방의 수령이 해마다 가을이 되면 각 지방을 돌아다니면서 풍년인지 흉년인지를 살펴 그 지방의 세금 액수를 정했는데, 이 과정에서 관리들이 뇌물을 받거나 제멋대로 세금을 매기거나 중간에서 세금으로 거둔 곡식을 빼돌리는 등 횡포가 심했다. 세종은 이런 실정을 신하 정인지를 통해 자세히 알게 되었다.

"백성들의 세금 부담을 최대한 줄이고 또 공평하게 매겨야 할 것이오. 잘못된 세금 제도를 바로잡을 좋은 법을 연구해 보시오."

세종은 새로운 세금 제도를 마련하기 위해 모든 지방관에게 양전을 실시하라고 명했다. 양전은 세금을 거둘 수 있는 땅이 얼마나 되는지, 한 해 수확량은 얼마나 되는지 조사하는 일이었다. 조사 결과 전국의 농사짓는 땅은 171만여 결이었다. 40년 전에 실시한 양전 때는 78만여 결로, 무려 100만 결이나 늘어난 것이다. 보고를 받은 세종은 깜짝 놀랐다.

"그동안 농사를 지으면서도 세금을 안 낸 땅이 100만 결이나 된다니 정말 놀랍다. 세금 수입이 어느 정도 늘어날 것이라 생각하는가?"

"예, 배 이상 늘어날 것입니다."

"그렇다면 나라 살림 걱정은 좀 덜어도 되겠군. 백성들의 세금 부담도 한층 줄어들겠어."

하지만 세종은 서두르지 않았다. 세종은 앞으로 재정 수요가 얼마나 늘어날지, 얼마만큼 세금을 내릴 수 있는지 꼼꼼하게 따져 보았고 어느 정도 세금을 내리면 좋을지 일일이 백성들에게 의견을 물었다.

정인지는 오랫동안 연구를 거듭한 끝에 '공법'이라는 새 법을 만들었다. 토질의 좋고 나쁨과 그해의 풍년과 흉년을 정확하고 세밀하게 따져 세금 액수를 매기는 법이었다.

"옛날보다 훨씬 과학적이고 공평한 방법이오. 그러나 당장 이 법을 시행하기는 어렵소. 더 많은 연구를 하여 단계적으로 시행해야 할 것이오. 아무리 좋은 법이라 하더라도 직접 농사를 짓는 백성들의 의견을 충분히 들어야 하오."

세종은 모든 일에 신중한 성품이어서 백성들의 여론을 살피며 나라의 정사를 민주적으로 공평하고 철저하게 펴 나갔는데, 백성들의 삶과 직결되는 세금 문제에는 특히 더 신경을 썼다.

그리하여 1444년 6월, 새로운 세금 제도가 모습을 드러냈다. 전분 6등, 연분 9등의 공법을 만든 것이다. 전분 6등법은 땅이 기름지고 거친 정도에 따라 6등급으로 나눠 세금을 걷는 것이고, 연분 9등법은 한 해의 풍흉에 따라 9등급으로 나눠 세금을 거두는 제도였다. 새로운 세금 제도는 백성들의 부담을 크게 덜어 주었고, 백성들의 생활은 점차 나아졌다.

세종은 언제나 백성들의 생활을 걱정하였다. 그래서 세종은 수령이 되어 지방으로 가는 신하들에게 꼭 당부하였다.

"내가 깊은 궁궐에 있으니 백성들의 일을 세세히 알 수 없소이다. 그러니 멀리 떨어진 촌락과 마을을 직접 다니며 백성들을 보살피도록 하시오. 만일 굶주리는 사람이 있으면 반드시 도와주시오."

자나 깨나 세종은 백성들의 부담을 덜어 주기 위해 노력하였다.

세종대왕

집현전에서 인재를 기르다

조선의 제4대 왕 세종은 집현전을 학문의 전당으로 만들어 훌륭한 인재를 길러 냈다. 집현전 학사들은 세종의 전폭적인 지원을 받아 나라와 백성을 위한 모든 것을 연구할 수 있었다.

기자는 세종을 만나기 위해 집현전을 찾았다. 세종은 그곳에서 학사들과 열띤 토론을 벌이고 있었다.

경복궁 수정전
세종 시대에 집현전으로 사용되었던 건물. 경복궁 근정전 서쪽, 경회루 연못 앞에 위치해 있다.

집현전은 어떤 곳이고, 어떻게 탄생하였나요?

집현전은 서적 관리와 각종 문헌 연구, 국왕의 정책 자문을 담당하는 곳입니다. 집현전은 고려 시대에도 있었지만, 이름뿐이었지요. 조선의 제2대 왕 정종 때도 집현전이 만들어졌지만 얼마 뒤, 보문각으로 이름이 바뀌고 곧 유명무실해졌고요. 나는 조선을 살기 좋은 나라로 만들고 싶었고, 내 꿈을 펼치려면 우수한 신하가 절실히 필요했어요. 그러던 중, 좌의정 박은이 문신을 뽑아 집현전에 모으자는 의견을 냈습니다. 왕이 된 지 2년째인 1420년 3월 16일, 조선 최고의 학문 연구 기관인 집현전이 탄생했지요.

집현전은 조선에서 가장 똑똑하고 학식 높은 인재들이 모인 곳이라고 알고 있습니다. 인재 선발 기준은 무엇이고, 집현전 학사들은 어떤 일을 하나요?

인재를 뽑는 일은 대제학 변계량이 맡아서 합니다. 변계량이 뽑은 학사들의 대부분은 과거 시험에서 우수한 성적을 거둔 뛰어난 인재들이지요. 집현전 학사들은 역사학, 천문학, 음운학, 수학, 약학 등 다양한 분야를 연구하고, 그 성과를 모아 책을 펴내는 일을 합니다. 또한 백성들을 위한 각종 정책을 만들고, 과학과 문화를 발전시키는 데에 크게 이바지하고 있지요.

뛰어난 인재들이 모인 만큼 학문에 대한 열정이 참 대단하겠네요. 그렇게 뽑힌 집현전 학사의 수는 전부 몇 명인가요?

집현전이 처음 만들어졌을 당시에는 학사의 수가 10명이었어요. 그러다가 점차 32명까지 늘었고, 1436년부터 20명으로 고정되었습니다. 대신에 문서의 기록과 관리를 맡아보는 서리를 몇 명 두어 학사를 돕도록 했지요.

학사들은 꽤 오랜 기간 집현전에서만 일해야 한다고 들었습니다. 특별한 이유가 있는 걸까요?

일단 집현전 학사에 임명되면 다른 관직으로 옮기지 않고, 그 안에서 차례로 승진할 수 있도록 했습니다. 학사들에게 자신만의 전문성을 쌓는 기회를 주고 싶었기 때문이지요. 오랜 기간 연구에 몰두해야 하는 학사들을 위해 많은 도서를 들여와 집현전에 보관하는 등 지원을 아끼지 않았습니다. 학사들도 내 뜻을 알아주었는지 집현전에서 한번 일하기 시작하면 보통 10년을 훌쩍 넘기곤 했습니다.

집현전에는 독특한 휴가 제도가 있다고 하던데, 어떤 제도인지 설명해 주시겠어요?

집현전에는 사가독서 제도라는 것이 있습니다. 학사들 중 두드러지게 총명한 인재들을 뽑아 1년 정도 절에서 머물며 학문에만 힘쓰도록 돕는 독서 휴가이지요. 사가독서 제도를 운영하는 데 드는 모든 비용은 나라에서 지원합니다. 특히 신숙주, 성삼문, 박팽년 등이 사가독서 제도를 잘 활용하여 학문을 연마했다고 하더군요.

학문을 연구하는 일 이외에 집현전은 또 어떤 일을 하는지 궁금합니다.

정치를 잘하기 위해 기본적으로 갖추어야 할 교양에 대해 왕과 신하가 토론을 하는 '경연'을 하지요. 후계자인 세자를 교육하는 '서연'도 이곳 집현전에서 하고요. 또 외교 문서를 만들거나 과거 시험관을 맡기도 하고, 역사를 기록하는 일도 담당합니다. 《고려사》,《농사직설》,《팔도지리지》,《삼강행실도》,《의방유취》 등 수많은 책이 집현전에서 편찬되었어요.

기자는 인터뷰를 마치고, 온통 책으로 가득한 집현전을 둘러보았다. 이 많은 서적이 세종의 아낌없는 지원과 학사들의 열띤 연구로 만들어졌다는 생각에 가슴이 벅차올랐다. 이번 인터뷰는 언제나 백성과 나라를 생각하는 세종의 마음을 다시 한 번 느낄 수 있는 자리였다.

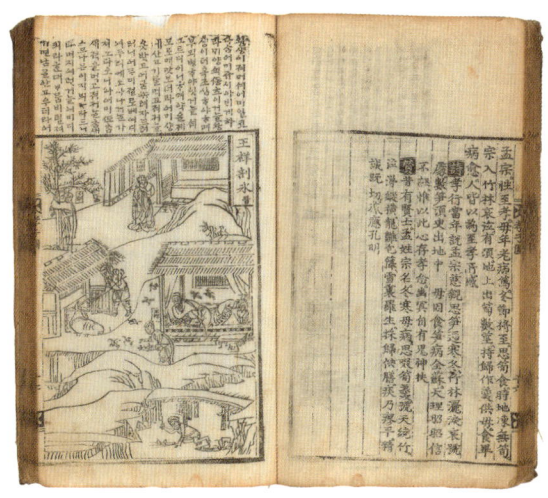

《삼강행실도》
모범이 될 만한 충신 · 효자 · 열녀의 행실을 모아 1434년에 집현전에서 편찬한 책. 임금과 신하, 부모와 자식, 남편과 아내의 도리를 실천한 사람들의 사례를 기록하였고, 모든 사람이 알기 쉽게 이야기마다 그림을 그려 넣었다.

김종서

백두산 호랑이, 여진족을 몰아내다

바른 소리를 하는 신하

1405년(태종 5년), 김종서는 문과 시험에 응시해 당당히 급제했다. 열여섯 살의 어린 나이였다. 그 후 김종서는 여러 가지 직책을 거쳐 병조의 하급 관리가 되었다.

어느 날, 조선의 명필이라고 소문난 최흥효가 급제한 관리들의 임명장을 쓰고 있었다. 태종 임금 앞이라 그런지 최흥효는 무척 긴장한 모습이었다. 팔을 덜덜 떨면서 느릿느릿 글씨를 쓰고 있었다. 멀리서 태종 임금이 그 모습을 보고 속으로 혀를 끌끌 찼다.

'저리 느려서야 언제 저 많은 임명장을 다 쓴단 말인가!'

그때 김종서가 그 옆에 다가가 물었다.

"최흥효 대감, 아직도 안 됐습니까?"

"이제 두 장을 마무리했소."

"아니, 그렇게 천천히 쓰면 언제 다 끝납니까? 이제 곧 임명식이 거행될 텐데요. 임명장도 없이 식을 올릴 수는 없잖습니까?"

김종서는 성질이 급했다. 나이도 어리고 직급도 낮지만, 하고 싶은 말은 꼭 해야 직성이 풀리는 성격이었다.

"그렇다고 전하의 옥새(국가 문서에 쓰이던 임금의 도장)가 찍히는 임명장인데, 대충 쓸 수는 없지 않소."

그 말에 김종서가 최흥효의 붓을 잽싸게 낚아챘다.

"이리 주시오. 내가 쓰겠소이다."

김종서는 남은 20여 장을 단숨에 써 내려갔다. 그리고 임명장마다 옥새를 찍었다. 그렇게 빨리했는데도 글자와 옥새가 삐뚤어진 게 하나도 없었다.

"이렇게 빨리 쓰면서도 글자가 이렇게 단정하다니!"

주위에 있던 관리들이 놀라 수런거렸다. 멀리서 이 광경을 처음부터 끝까지 지켜본 태종 임금이 옆에 앉아 있던 충녕대군(왕으로 즉위하기 전의 세종)에게 눈짓으로 말했다.

'참으로 쓸 만한 인재구나! 잘 보아 두어라.'

충녕대군은 아버지의 뜻을 알아차리고 고개를 끄덕였다. 황희 대감은 김종서를 보고 미소를 지었다.

'일 처리가 빠르고 정확하다. 사소한 일에 시간을 허비하는 걸

못 참는 성격이야. 하지만 주위에 적이 꽤 많겠어.'

황희가 걱정한 대로 신하들은 두런두런 김종서에 대한 이야기를 했다.

"김종서는 너무 무례하오. 아무리 급하다 해도 그렇게 막무가내로 붓을 빼앗아 쓰다니."

"붓을 빼앗기고 최흥효는 얼마나 당황하고 기분 나빴을꼬."

이렇게 같은 일을 두고도 김종서를 좋게 보는 사람이 있는가 하면 나쁘게 보는 사람도 있었다.

김종서는 키는 작았지만 체격이 다부졌다. 불의를 보면 참지 않아 관직에 오른 처음부터 동료들과 상사들의 눈 밖에 나는 일이 많았다. 그래서 관직에 나온 지 3년 만에 파직을 당하기도 했고, 두 번이나 태형을 맞고 근신을 한 적도 있었다. 황희 대감은 그런 김종서를 눈여겨보았다.

'조정에는 바른말을 하는 신하가 필요한데 김종서가 바로 그런 사람이다.'

김종서를 눈여겨보는 사람이 또 있었는데, 바로 공조판서 맹사성이었다. 맹사성은 세종에게 김종서를 적극 추천했다.

"법령을 다루는 사헌부가 김종서의 성격에 아주 잘 맞습니다. 김종서는 사사로운 일에 흔들리지 않고, 옳고 그름을 판단하는 능력이 뛰어나기 때문입니다."

그렇게 해서 김종서는 사헌부 감찰로 승진했다. 1418년, 세종이 즉위한 해였다.

11월의 어느 날, 김종서의 장계(조선 시대에 왕명을 받고 외방에

나가 있는 신하가 자기 관하의 중요한 일을 왕에게 보고하거나 청하는 문서)가 올라왔다. 김종서는 강원도에 행대감찰(조선 전기에 각 도에 파견하던 사헌부의 감찰)로 파견되었던 한 달간의 결과를 자세히 적어 보냈다.

강원도는 전 지역에 가뭄과 냉해로 심한 흉작이 들어 백성들이 거의 굶고 있는 지경입니다. 큰 고을을 제외한 강원도 전 지역 백성들의 조세를 탕감해 주어야 합니다.

평소 김종서를 못마땅하게 생각하던 신하들은 너도나도 한마디씩 했다.

"조세 탕감을 해 주어야 한다고요? 이건 있을 수 없는 위법입니다."

"김종서 한 사람의 조사 보고를 어떻게 그대로 믿을 수 있습니까?"

묵묵히 듣고만 있던 세종 임금이 한참 만에야 입을 열었다.

"임금으로서 백성이 굶주리고 있다는 말을 듣고도 조세를 징수해야 하는가? 행대감찰을 보내 백성들의 상황을 살피라 해 놓고 조세를 그대로 징수한다면 어느 백성이 나라를 믿고 따르겠는가?"

세종이 그렇게 말했지만 끝까지 반대하는 신하들이 있었다. 하지만 세종은 김종서의 보고에 따라 강원도 지역 백성들의 조세를 탕감해 주거나 면제해 주었다. 그로부터 보름 후에 궁궐로 돌아온 김종서는 임금을 만나 그동안의 일을 소상히 보고했다.

"강원도 산골 오지 백성들은 아전들의 말만 듣고 작황을 결정했습니다. 그런데 아전들은 경작한 논밭을 묵은 땅이라고 조작해 그곳에서 나온 수확물을 모두 가져갔습니다. 그뿐만 아니라 대흉년을 풍작으로 조작해서 과대한 조세를 거둬들였습니다. 이로 인해 백성들은 굶주림에 시달리고 있었습니다."

김종서는 보고 들은 것, 조사한 것을 솔직하게 보고했다. 보고를 듣고 난 세종은 화가 머리끝까지 났다. 곧바로 신하들을 불러 다음과 같이 명했다.

"고을 수령들이 굶주리는 백성들을 착취하고 있다니! 자신들이 돌보아야 할 백성을 자신들의 곳간을 채우는 데 이용하다니! 당장 사헌부로 하여금 엄중히 조사하도록 하라!"

그러자 김종서를 못마땅하게 생각하고 있던 신하들이 한마디씩

했다.

"김종서는 너무 거만합니다. 관직 경험도 없고 나이도 젊어 고을 수령들을 잘 이해하지 못하고 있습니다. 행대감찰은 막중한 임무인데, 경험이 없는 자가 단지 굶주리는 백성들 몇 가구만 보고 지방 관리들을 싸잡아 폄하하는 것은 옳지 못한 일입니다. 수령이 아무리 백성들을 잘 보살핀다고 해도 고을마다 굶주리는 백성은 있게 마련입니다."

"김종서 한 사람의 말만 듣고 지방 수령들을 모조리 조사한다는 것은 아니 될 말입니다."

"강원도는 예전부터 가난한 백성들이 많았습니다. 산골 백성들의 불평과 불만은 들을수록 끝이 없습니다."

이때 신하들의 말을 듣고 있던 공조판서 맹사성이 나섰다. 맹사성은 신하들의 말을 듣는 내내 인상을 찌푸리고 있었다.

"전하, 행대감찰 김종서는 직접 눈으로 확인한 결과를 보고했을 겁니다. 직접 조사한 것을 보고서로 작성했을 테니 보고서를 검토한 후에 조치를 내리십시오."

그 말에 따라 세종은 김종서가 올린 보고서를 꼼꼼히 살펴보았다. 보고서에는 각 고을의 농작물 작황 실태와 농민들의 세금 납

부 현황 등이 자세히 기록되어 있었다.

보고서를 읽은 세종은 얼굴이 붉으락푸르락해졌다. 뒤이어 임금의 명에 따라 사헌부에서 조사를 했다. 조사 결과 김종서의 말이 모두 사실이었음이 밝혀졌다. 그 일로 김종서는 세종의 신임을 받았다.

"그대는 바른 소리를 하는 충직하고 믿을 만한 신하이오."

그 일이 있고 난 후, 김종서는 충청도와 전라도 행대감찰로 임명되었다. 두 번의 행대감찰 업무 수행으로 김종서는 공로를 인정받아 승진을 했다.

하지만 한 치의 불의도 인정하지 못하는 김종서의 강직한 성격 때문에 관리들 사이에서는 크고 작은 마찰이 자주 일어났다. 세종도 마침내 김종서와 관리들 간의 마찰을 눈치챘다. 김종서를 탄핵하는 상소가 자주 올라오고, 비리를 고발하는 익명의 투서가 있어 조사를 해 보면 모함이거나 작은 실수를 크게 부풀려 죄로 뒤집어씌우는 경우였다.

세종은 서른 살인 김종서를 지방 관리로 내보냈다. 지방 판관 중에서도 경기도 광주 판관은 중요한 자리였다. 김종서는 임금의 기대에 어긋나지 않는 탁월한 재능을 발휘해 3년 만에 광주를 전국에서 가장 살기 좋은 마을로 만들었다. 김종서가 광주에서의 임무를 모두 마치고 한양으로 떠나던 날, 백성들이 길을 메우고 줄줄이 따르며 떠나는 것을 아쉬워했다.

문관 출신의 호랑이 장군

1432년(세종 14년) 10월의 어느 날이었다. 김종서는 임금 앞에 무릎을 꿇고 앉았다. 임금과의 독대(단독으로 임금을 대하여 정치에 관한 의견을 아룀)는 전에도 가끔 있었다. 세종은 활과 화살이 가득 담긴 통을 잡으며 말했다.

"그대는 문신임에도 무예에 능하다고 들었소. 이것을 항상 지니고 있다가 백성을 위협하는 짐승을 쏘시오."

김종서는 긴장한 낯빛으로 임금께서 내리는 활과 화살을 받았다. 마음속에 여러 생각이 떠올랐다.

'대체 왜 이걸 나에게 주시는 건가? 백성을 위협하는 짐승이라……. 분명 숨은 뜻이 있을 게다.'

김종서는 누가 보아도 활과 화살이 어울리지 않는 작달막한 몸집의 문신이었다. 하지만 임금은 그런 김종서에게 활과 화살을 내린 것이다.

'이 뜻은 나를 문신으로 여기지 않겠다는 것이 분명하다.'

그러면서 김종서는 임금의 뜻이 무엇이든 성심으로 받들겠다고 결심했다.

"전하, 성은이 망극하옵니다."

세종은 흐뭇한 웃음을 띠며 물었다.

"과인이 화약 제조와 화약 무기 만들기에 힘을 쓰고, 화포군을 양성하는 이유를 알고 있는가?"

"짐작은 하고 있습니다."

세종은 말없이 고개를 끄덕이더니 혼자 중얼거렸다.

"북방의 여진족을 언제까지나 저대로 둘 수는 없는 노릇."

김종서는 임금의 혼잣말에 머리를 깊게 조아렸다. 임금의 의중을 어렴풋이 짐작할 수 있었다. 조선은 태종 때부터 한반도 북동쪽에 살고 있는 여진족과 갈등을 빚었다. 여진족은 툭하면 압록강과 두만강을 건너 마을을 침략해 약탈을 일삼았다. 백성들의 수난이 이어졌다.

당시 조선의 북방 지역은 여진족의 부족들이 흩어져 살던 만주와 잇닿아 있어 국경이 불분명했다. 또한 여진족의 세력 진퇴에 따라 국경선이 들쭉날쭉했다. 여진족의 침공과 노략질은 조선 초기부터 40년간이나 계속되었다.

"그대는 최윤덕을 아는가?"

"예, 어찌 최윤덕 장군을 모르겠습니까? 무술이 뛰어나고 책임감도 강한 장군이지요. 어떤 일을 맡겨도 충분히 해낼 사람입니다."

최윤덕은 어려서 아버지를 여의고 집안이 가난해 불우하게 자랐다. 그러나 몸집이 장대하고 힘이 세서 호랑이를 맨손으로 때려잡은 장사였다. 최윤덕은 그 담력을 인정받아 군관으로 활약하고 있었다.

"압록강과 두만강 유역은 조선의 국토이오. 그런데 여진족이 압록강과 두만강을 넘나들며 노략질을 일삼고 우리 백성들을 잡아가 노예로 부리거나 노비로 팔기도 한다고 하오."

김종서는 고개를 끄덕였다.

그해 12월 아흐렛날, 세종은 평안 감사가 보낸 장계를 받았다. 장계를 읽어 내려가던 세종은 노여움에 온몸을 부들부들 떨었다. 12월 3일, 여진족이 쳐들어와 백성들과 말, 소를 빼앗아 갔다는 내용이었다. 죽은 사람도 많았고 포로로 잡혀간 사람도 많았으며 집들도 모두 불탔다고 했다. 세종은 몇 날을 두고 생각을 거듭했다.

'즉위 초부터 여진족 정벌을 계획하고 차근차근 준비도 하고 있었다. 이번 기회에 아예 여진족의 뿌리를 뽑아 버려야 할 것이다.'

세종은 먼저 최윤덕을 평안도 절제사로 삼아 압록강 유역으로 보냈다. 최윤덕은 병사 약 1만 5000명을 이끌고 여진족을 토벌했다. 그리고 여연, 자성, 무창, 우예 지역에 네 개의 군을 설치했다. '군'이란 큰 고을을 이르는 말이었다.

1433년(세종 15년), 조선을 괴롭히던 여진족끼리 큰 싸움이 벌어졌다. 동족끼리 내란이 일어난 것이었다. 우디거족이 회령 근처에 있던 오도리족을 습격해서 추장과 추장 아들을 죽이고, 부족의 재물을 약탈해 간 사건이었다. 이 사건으로 여진족들 사이에 내분이 일어나 혼란스러웠다.

'이제, 우리의 땅을 되찾을 때가 왔다!'

세종은 이를 영토 확장의 기회로 삼기로 결심했다. 그러나 임금은 그러한 결심을 누구에게도 밝히지 않았다.

'말 많은 신하들과 의논을 해 봤자 별 소득이 없을 것이다. 대부분의 신하들은 편히 앉아 있는 쪽을 원할 테니까. 여진족을 토벌한다는 소문이 퍼지면 저들 역시 단단히 방비를 할 것이다.'

임금은 은밀하게 김종서를 불렀다. 이번에도 단둘만의 만남이었다.

"내가 준 활과 화살을 쏘아 보았는가?"

"예, 전하! 새벽마다 활을 쏘는 것이 이제는 습관이 되었습니다."

"이제 그 활과 화살을 쓸 때가 왔소. 평안도 지방으로 최윤덕 장군을 보내 여진족을 정벌하고, 압록강 지역에 4군을 설치하는 데 성공했소. 이제 남은 건 동북부 지방인 함길도."

김종서는 비로소 문관인 자신에게 활을 준 이유를 깨달았다.

"전하, 성은이 망극하옵니다. 소신이 전하의 깊은 뜻을 받들어 반드시 여진족을 몰아내고, 이 나라 조선이 강한 나라가 될 수 있도록 북쪽의 국경을 튼튼히 하겠나이다."

세종은 말없이 고개를 끄덕이면서 김종서의 어깨를 어루만졌다. 김종서는 임금과 한 굳은 약속을 가슴에 새기며 대궐을 나왔다. 그때 다른 신하들이 수군대는 소리가 들려왔다.

"전하께서 어째서 문신에게 변방을 지키라는 명을 내리시는 건지 모르겠소. 게다가 이 혹독한 겨울에 말이오."

그러자 또 다른 신하가 말했다.

"김종서 대감은 전하가 총애하는 사람인데, 혹시 전하의 심기를 불편하게 해 드렸나?"

그해 12월, 함길도 관찰사로 가게 된 김종서는 멀고 먼 북방으로 떠나기 전에 세종 임금께 인사를 올리러 갔다. 임금은 김종서를 반갑게 맞아 주었다.

"어서 오시오. 내 그대에게 줄 것이 있다오."

세종은 김종서에게 산짐승의 털로 만든 옷과 모자를 건네주었다. 임금님이 직접 내주신 옷을 본 김종서는 가슴이 벅차올라 아무 말도 할 수 없었다.

함길도에 도착한 김종서는 먼저 백성들이 안전한지 살폈다. 그런 다음 걸핏하면 국경을 침범하는 여진족들을 몰아낼 계획을 세우며 군사들을 훈련시켰다.

"수시로 무예를 갈고 닦으면 갑작스레 적이 침략해도 침착하게 대응해 물리칠 수 있을 것이다."

그리고 2년 후 함길도 절제사가 된 김종서는 성을 쌓고 병기를 수리하고 병사들을 훈련시키며 6진을 개척하기 시작했다. 여진족이 간간이 침탈할 때면 회령 절제사 이징옥과 함께 이들을 물리쳤다. 이징옥은 김종서와 뜻이 잘 맞는 무장 중 한 사람이었다.

김종서는 가장 먼저 여진족의 습성을 간파해 냈다.

"여진족을 물리치려면 무조건 밀어붙이기보다는 적당히 밀고 당기는 방법이 좋을 것 같소."

김종서의 말에 이징옥이 고개를 끄덕였다.

"맞습니다. 장군님이 생각하시는 전략은 바로 이거지요? 바깥으로는 회유하고, 안으로는 방어 태세를 갖추는 전략!"

여진족은 김종서가 어떤 사람인지를 재빨리 파악했다. 그래서 김종서를 상대로 싸우기보다는 적당히 순응하고 타협하는 쪽을 택했다. 그 편이 여진족에게도 유리했기 때문이다.

6진 개척이 드디어 시작되었다. 가장 먼저 영북진을 옮겨 종성군을 설치하고, 회령진과 경원부를 신설하거나 옮겨 설치했다. 그 후 1437년(세종 19년)에는 경흥군, 1440년(세종 22년)에는 온성군을 설치하고, 1449년(세종 31년)에는 석막에 부령부를 두었다. 이로써 6진 개척이 마무리되었다. '진'은 군사 요새를 이르는 말이었다.

4군 6진이 설치되면서 국경선이 확실해졌다. 4군 6진은 단순히 영토를 확장한 것이 아니라 백성들에게 안정적인 삶을 보장하는 기틀을 마련한 것이었다. 사람들은 용맹한 김종서를 가리켜 '백두산 호랑이'라고 불렀다. 김종서는 여진족을 몰아낸 뒤 눈이 날리는 언덕에 올라 시 한 편을 지었다.

삭풍은 나무 끝에 불고

명월은 눈 속에 찬데

만리변성에 일장검 짚고 서서

긴 파람 큰 한소리에

거칠 것이 없어라.

어떠한 일이 닥치더라도 김종서는 흔들리지 않았다. 묵묵히 북방 개척의 임무를 수행했다.

"전하, 땅을 확보해도 조선의 백성이 살지 않는다면 조선 땅이 될 수 없사옵니다."

김종서는 우선 함길도 백성들을 6진에 이주해 살도록 했다. 그러면서 세종에게 이주 문제를 강력하게 건의했다.

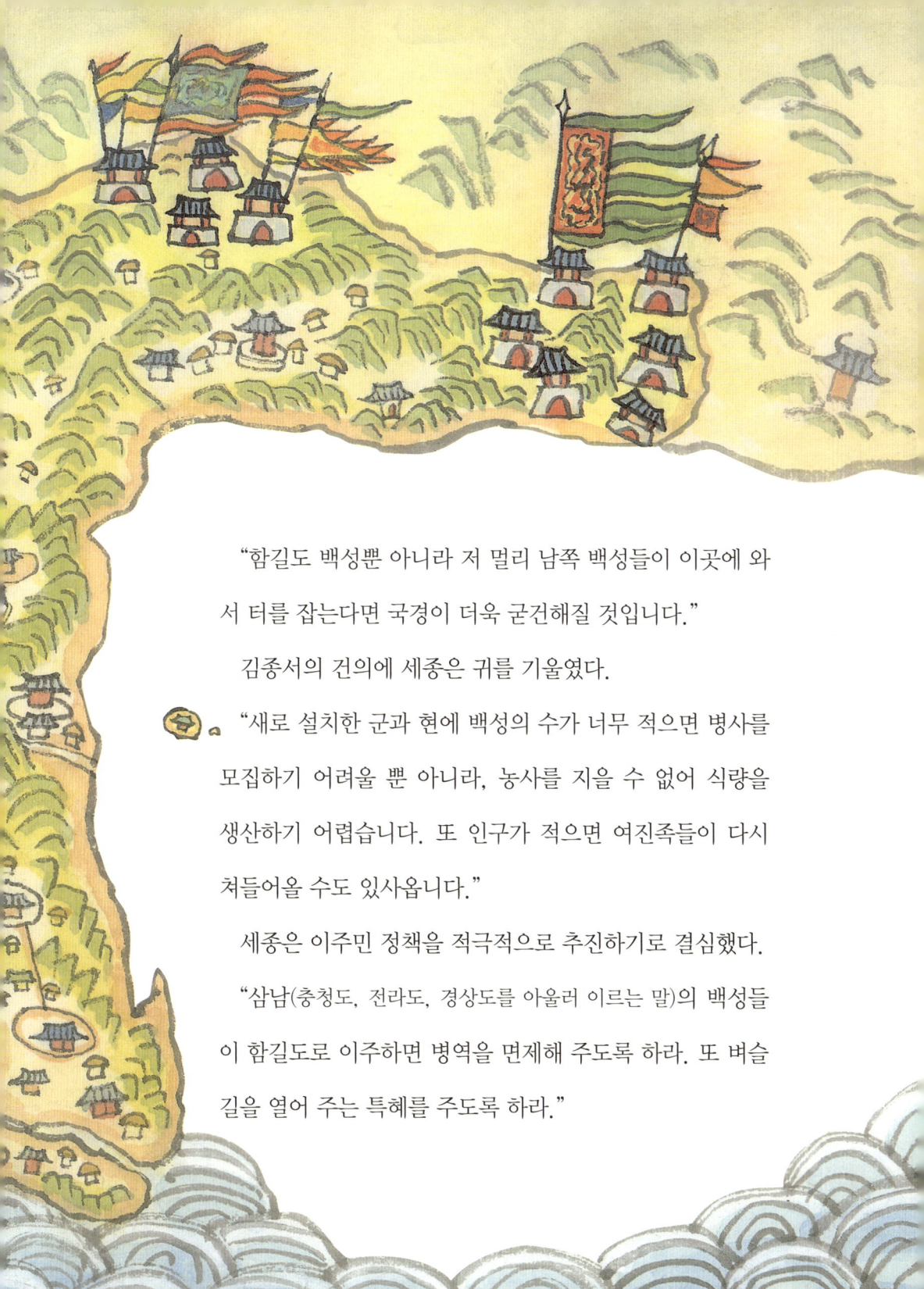

"함길도 백성뿐 아니라 저 멀리 남쪽 백성들이 이곳에 와서 터를 잡는다면 국경이 더욱 굳건해질 것입니다."

김종서의 건의에 세종은 귀를 기울였다.

"새로 설치한 군과 현에 백성의 수가 너무 적으면 병사를 모집하기 어려울 뿐 아니라, 농사를 지을 수 없어 식량을 생산하기 어렵습니다. 또 인구가 적으면 여진족들이 다시 쳐들어올 수도 있사옵니다."

세종은 이주민 정책을 적극적으로 추진하기로 결심했다.

"삼남(충청도, 전라도, 경상도를 아울러 이르는 말)의 백성들이 함길도로 이주하면 병역을 면제해 주도록 하라. 또 벼슬길을 열어 주는 특혜를 주도록 하라."

이렇게 하면 김종서가 개척한 북방 6진은 확실하게 조선의 영토가 될 것이었다. 하지만 세종의 정책을 반대하는 신하들도 많았다. 대부분 김종서를 경계하거나 탐탁지 않게 생각하는 사람들이었다.

"백성들을 이주시키는 일이 쉽지 않습니다."

"여진족의 침입이 잦으니 북진보다는 수성(적의 공격이나 침략을 막기 위해 성을 지킴)이 필요하옵니다."

"한계가 있는 사람의 힘으로 이룩하지 못할 일을 김종서가 시작했으니, 그 죄는 죽여야 옳습니다."

그러나 세종은 그런 신하들에게 단호하게 말했다. 세종은 누가 뭐라고 해도 김종서의 편이었다.

"비록 내가 있다 하더라도 만일 종서가 없었다면 이 일을 할 수 없었을 것이오. 또한 종서가 있다 하더라도 만일 내가 없었다면 이 일을 하자고 주장하지 못했을 것이오. 그러니 이 일에 대해 앞으로 왈가왈부하지 마시오."

세종은 그러면서 몇 가지 정책을 발표했다.

"북방으로 이주하는 남쪽 백성들에게 땅을 나누어 주시오."

이러한 정책으로 조선은 여진족의 침략에 효과적으로 대응할 수 있었고, 국토를 균형적으로 발전시킬 수 있었다. 또한 세종은 여진족에 대한 회유책으로 6진 지역에 살고 있던 여진족 사람들을 그 지역 관리자인 '토관'으로 임명해서 여진족의 귀순을 장려하는 정책을 펼쳤다. 그로 인해 국경선 근처의 많은 여진족이 조선의 백성으로 동화되었다.

김종서

조선을 넘보던 나라들을 물리치다

조선 초기, 호시탐탐 조선을 침략할 기회를 노리는 나라들이 많았다. 북으로는 명나라와 여진족, 남으로는 왜 등이 대표적이었다. 세종 시대에 이르러 안정을 찾긴 했지만 마음을 놓을 수는 없었다.
기자는 북방의 여진족을 몰아내는 데 앞장섰던 김종서를 만났다. 여러 나라의 침략을 막아 낸 그동안의 역사를 김종서 장군을 통해 자세히 들어보려고 한다.

명나라는 고려 말기에 새롭게 세워진 나라이지요. 조선이 탄생하던 과정에서 명나라가 끼친 영향이 있다던데, 과연 어떤 일이 벌어졌나요?

위세를 떨치던 명나라는 고려가 몽골(원나라)과 손을 잡는 데 불만을 품고 있었습니다. 자신들이 곧 몽골을 칠 것이니 고려는 명나라를 따르라는 식이었지요. 이에 고려 우왕은 이성계 장군에게 요동 지방을 공격하라고 명령합니다. 하지만 이성계 장군은 이 상황에서 명나라와 전쟁을 벌이면 나라가 망할 것이라 생각했지요. 따라서 압록강 하류 위화도에 이르자, 군사들을 돌려 다시 개경으로 돌아가게 됩니다. 그 후 고려 왕조를 몰아내고, 조선을 세웠지요.

이후 조선은 명나라와 사이좋게 지내고자 하는 정책을 펼쳤고, 조공을 바쳐야 했다고 하던데요.

네, 맞습니다. 위세가 높아진 명나라는 조선을 공격해 오지는 않았지만, 조공을 요구했어요. 조선에서는 사절을 파견하여 명나라에 공물을 보냈는데, 환관과 공녀를 조공으로 보내기도 했지요. 보다 못한 전하께서 사신을 보내 명나라와 협상을 했고, 처녀를 바치던 공녀 조공은 사라지게 되었답니다.

만주 지방의 여진족은 압록강과 두만강 근처까지 침범해 들어와 영토를 차지하기도 했지요. 여진족을 몰아내기 위해 세종대왕은 어떤 정책을 펼치셨나요?

1432년에 여진족장 이만주가 압록강 쪽 여연군을 침범했다는 소식이 들려옵니다. 이 소식을 들은 전하께서는 최윤덕 장군을 보내 4군을 설치하도록 명령을 내렸어요. 또 1433년에는 여진족끼리 큰 싸움을 벌이는 동족 내란이 일어났지요. 여진족들이 혼란스러워하는 틈을 타, 전하께서는 저를 불러 두만강 유역에 6진을 개척하라는 명령을 내리십니다. 4군과 6진은 이후 조선의 영토를 표시하는 표지판 역할을 하게 되지요. 저는 6진 개척을 성공적으로 마무리한 후, 함길도 백성들을 6진에 이주해 살도록 했어요. 땅을 확보해도 조선의 백성이 살지 않는다면 조선 땅이 될 수 없다고 생각했기 때문이지요. 이후 전하께서도 제 의견에 귀를 기울여 이주민 정책을 적극적으로 추진하셨답니다.

오래전부터 남해안 근처를 끊임없이 공격해 온 왜구도 있지요. 왜구의 침략에 대응하는 일이 만만치 않았다고 들었습니다. 이종무 장군이 대마도를 정벌하게 된 이야기부터 들려주시지요?

고려 말기에 최무선 장군과 이성계 장군이 군대를 이끌고 왜구를 토벌하여 잠시 조용했던 때도 있었습니다. 하지만 이후에도 왜구는 기회만 생기면 우리나라에 나타나 약탈을 일삼았지요. 1419년 전하께서는 이종무 장군을 총사령관으로 임명하여 대마도를 공격하라고 명령을 내리셨습니다. 우리 땅에 다시는 들어오지 말라는 강력한 경고인 셈이지요. 혼쭐이 난 대마도 주는 엎드려 사죄하고, 무역을 할 수 있게 해 달라고 간청했어요. 이후 왜구들의 노략질이 잠시 멈추게 되었지요.

세종대왕의 지혜와 이종무 장군의 눈부신 활약 덕분에 왜구가 잠잠해지게 되었군요. 하지만 왜구는 침략의 야욕을 잠시 숨긴 것뿐이지, 완전히 버린 것은 아니었을 텐데요. 왜구를 견제한 또 다른 대비책은 없었을까요?

전하께서는 늘 왜구의 침략을 걱정하셨습니다. 대마도를 정벌하여 더 이상 조선을 넘보지 못하도록 사기를 꺾어 놓은 한편, 외교 사절단인 통신사를 보내기도 하셨지요. 통신사는 일본의 정세와 일본인들의 당시 사정을 자세히 파악하여 보고를 올려야 했어요. 언제 또다시 쳐들어올지 모르는 왜구들의 침략을 대비하기 위해 일본 땅의 형태와 특징, 정치 사정 등을 기록으로 남겼습니다. 겉으로는 평화적인 교류처럼 보였겠지만, 사실은 일본을 견제하기 위한 장치였던 거예요.

조선을 노리는 외부의 공격은 세종 시대에도 끊이지 않았다. 하지만 세종은 용감하고 충성스러운 장군들과 함께 때로는 강하게, 때로는 부드러운 외교력으로 외부의 침략을 막아 냈다. 김종서 장군 같은 든든한 신하가 있었기에 세종대왕의 지혜가 좀 더 빛을 발하고, 백성들이 평화롭게 지낼 수 있지 않았을까?

〈조선 통신사 행렬도〉
일본에 파견된 통신사의 행렬을 그린 그림. 통신사는 조선 국왕이 일본의 막부 장군에게 보낸 외교 사절단이다.

맹사성

임금을 도와 평안한 세상을 만들다

두 번째 위기를 넘기다

소를 타고 유유히 마을을 돌아보던 맹사성은 휘휘 늘어진 버드나무 아래에 도착했다. 잠시 쉬었다 가려는 뜻이었다. 저 멀리 누추한 자신의 집이 보였다. 집 앞을 지나던 양반 한 사람이 말에서 내리는 것도 보였다. 멀리서 보아도 누군지 알 것 같았다.

"역시 성 대감이었어. 누군가 내 집 앞을 지날 때 꼭 말에서 내려 걸어간다고 하더니."

맹사성은 자신보다 스물두 살이나 많고, 직급도 훨씬 높은 성석린 대감이 말에서 내리는 까닭을 오늘은 꼭 듣고 싶었다. 성 대감은 맹사성의 집에서 그리 멀지 않은 곳에 살았다. 맹사성은 그 자리에 멈춰 서서 소의 등을 가볍게 두들겼다.

"잠시만 쉬었다 가자꾸나. 내 오늘은 성 대감을 위해 한 곡조 뽑아야겠다."

맹사성은 품에서 작은 피리를 꺼내 불기 시작했다. 얼마 전에 새로 만든 피리였다.

"거참 듣기가 좋소. 대금 소리만 좋은 줄 알았더니."

어느새 말을 타고 가까이 다가온 성 대감의 말에 맹사성은 피리 불기를 멈췄다. 그러고는 얼른 소에서 내려 고개를 숙여 인사를 했다.

"대감, 어째서 누추한 저의 집 앞을 지날 때 꼭 말에서 내려 걸어가시는지요?"

성석린 대감이 허연 수염을 만지며 먼 산을 바라보았다. 잠시 뒤 성 대감이 낮은 소리로 대답했다.

"자네에 대한 애정의 표현이지."

"예? 애정이라니요?"

"선배가 후배에게 보내는 애정의 표현! 그게 이상하게 들린다면 예의의 표현이라고 해 두세."

"저보다 나이도 많고 벼슬도 높으신 분이 어찌?"

맹사성의 말에 성석린 대감이 미소를 지으며 대답했다.

"백성들에게 칭송을 받는 자네를 나 또한 칭송한다는 뜻이네."

맹사성에 대한 소문은 온 마을 사람뿐 아니라 성 대감의 귀에도

들려왔다. 효성이 지극하고 재물을 탐내지 않아 살고 있는 집이 겨우 비바람을 가릴 정도라는 이야기, 벼슬이 낮은 사람이 찾아와도 옷을 차려입고 대문 밖까지 나아가 맞아들이고 돌아갈 때도 역시 공손하게 배웅하고 말을 타고 떠난 뒤에야 집 안으로 들어간다는 이야기 등등.

"자네를 지극히 아끼는 뜻에서 자네 집을 지날 때면 반드시 말에서 내려 걸어가는 거라네."

성 대감의 말에 맹사성은 깊은 감동을 느꼈다.

맹사성은 부드러운 성품으로 주위 사람들을 잘 보살폈다. 그리하여 1408년에는 사헌부의 최고 자리인 대사헌(종2품) 자리에 올랐다.

12월의 어느 날, 몹시도 추운 날이었다. 사헌부에 같이 근무하는 바로 아랫사람 박안신이 맹사성의 집으로 찾아왔다.

"대사헌은 조대림에게 아무 죄가 없다고 생각하십니까?"

박안신은 지난달에 일어났던 사건을 다시 꺼냈다. 목인해와 조대림이 반역을 도모했다는 사건은 온 장안을 떠들썩하게 했다. 목인해는 원래 노비였으나 태종의 눈에 들어 호군의 벼슬까지 받았다. 그런 목인해와 태종의 사위인 조대림이 반역을 꾀하려 한 것은 놀라운 사건이었다.

"나는 도적을 잡으러 군사를 몰고 궁궐에 온 것뿐이오. 이건 목인해의 모함이 분명합니다."

조대림은 억울하다며 무죄를 주장했다. 맹사성은 그때를 떠올리며 박안신에게 말했다.

"자네도 보았지 않나? 평양군 조대림은 곤장을 맞으면서도 끝까지 무죄를 주장하지 않았나?"

"대감, 그렇게 단순하게 보실 게 아닙니다. 조대림의 입장에서 생각해 보십시오. 곤장으로 끝내는 것이 나을까요, 목인해처럼 능지처참(대역죄를 지은 죄인을 머리, 몸뚱이, 팔, 다리를 토막 쳐서 죽이는 극형)을 당하는 것이 나을까요?"

"그렇다면 자네 말은 조대림이 역모를 하려고 했다는 말이군."

"그러니까 철저히 조사해야 한다는 겁니다. 아무리 임금의 사위라지만 죄의 유무는 분명히 밝혀야 하지 않겠습니까? 사헌부가 어떤 곳이옵니까? 관리들의 잘못을 조사하고 탄핵하는 일을 하는 곳이지 않습니까? 조대림을 다시 심문해야 할 줄로 아옵니다."

맹사성은 고심 끝에 고개를 끄덕였다.

다음 날, 사헌부 관리들과 군사가 평양군 조대림을 붙잡아 왔다. 국문이 시작되었으나 평양군 조대림은 억울하다는 듯 항변했다.

"나는 목인해의 꾐에 빠진 것뿐이오. 군사를 몰고 와 달라고 해서 갔을 뿐이오."

사헌부는 조대림을 감금하고 수사를 했지만 아무 성과가 없었다. 조대림이 끝까지 부인했기 때문이었다. 나중에야 이런 사실을 알게 된 태종은 노발대발하며 소리쳤다.

"이미 끝난 일을 나에게 알리지도 않고 마음대로 잡아다 심문하다니! 이건 왕실을 모욕한 죄이므로 도저히 용서할 수가 없다. 사헌부 관리들을 모조리 옥에 가두라. 사헌부 최고 책임자인 맹사성을 당장 수레에 실어 시장으로 끌고 가라."

 소식을 전해 들은 맹사성의 얼굴이 흑색으로 변했다. 죽을 지경까지 갔던 옛날 생각이 났기 때문이다.

 고려 시대 우왕(1386년) 때 27세의 나이로 급제한 맹사성은 관직 생활을 시작한 후 여러 벼슬을 거쳤다. 하지만 1392년, 이성계와 신진 사대부 세력이 위화도에서 군사를 돌린 사건이 일어났다. 이 사건으로 권력을 잡은 이성계는 자신에게 맞선 최영 장군의 일가친척들을 모두 처형했다. 최영 장군의 사위인 맹사성도 죽을 위기에 처했는데 이때가 바로 첫 번째 위기였다. 다행히 맹사성의 재능을 아끼던 이성계는 맹사성을 처형하지 않고 중요한 자리에 앉혔다.

 '두 번째 죽을 위기가 닥쳤구나.'

 맹사성은 조용히 죽을 날을 기다리기로 했다. 그 사건을 두고 궐 안에서는 회의가 열렸다.

 "맹사성에게 극형을 내리는 것은 너무 심한 일이옵니다."

영의정 성석린과 황희 등이 나서서 말했다. 그러자 태종이 눈을 부라리며 말했다. 성격이 불같은 태종은 붉으락푸르락한 얼굴로 말했다.

"어찌 임금인 나도 모르게 나의 사위인 평양군을 심문할 수 있단 말인가? 그 행위는 임금인 나를 모독하는 행위가 아닌가?"

영의정 성석린이 앞으로 나섰다.

"맹사성과 오랫동안 한마을에 살면서 그를 지켜보았나이다. 성품으로 보아 왕실을 모독하는 뜻이 아니었고, 다시는 모반이 일어나지 않게 하려는 충성심에서 비롯된 일이라고 보옵니다. 그러니 극형에 처하는 일은 옳지 않다고 생각합니다."

그러자 황희도 나섰다.

"맹사성 같은 훌륭한 신하를 잃지 마옵소서."

다른 신하들도 한마음으로 맹사성을 두둔하고 나섰다.

"예, 그렇사옵니다. 맹사성의 충정은 전하도 충분히 아실 것이옵니다."

"좋다. 이번 한 번만 용서하도록 하지. 하지만 앞으로 왕실을 모독하는 일은 절대로 용납하지 않겠다."

그렇게 해서 맹사성은 겨우 죽음을 면하고 유배되었다. 사실 이 사건은 태종이 신하들을 제어하기 위해 맹사성을 제물로 삼은 것이었다. 이듬해 태종은 맹사성을 다시 불러들였고 쌀 20석을 주어 위로했다. 1411년, 맹사성은 다시 기용되어 판충주 목사로 임명되었다.

실록을 보아서는 안 되는 두 가지 이유

1431년, 드디어 《태종실록》(조선 제3대 왕 태종의 재위 기간 동안의 국정 전반에 관한 역사를 다룬 실록)이 완성되었다. 무려 8년에 걸친 작업이었다. 조선 건국과 왕자의 난 등 민감한 부분들이 있었기 때문이다. 맹사성은 기쁜 마음으로 대궐로 들어갔다.

"전하, 《태종실록》이 완성되었나이다."

좌의정 황희의 말에 세종이 환한 얼굴로 물었다.

"정말 좋은 소식이오. 지금 어디에 있소?"

"춘추관에 보관하고 있사옵니다."

"그래, 모두 몇 권으로 완성이 되었소?"

황희와 함께 실록을 편찬한 우의정 맹사성이 대답했다.

"전하, 모두 서른여섯 권이옵니다."

"서른여섯 권이면 참으로 방대하군. 부왕께서는 이 나라 건국 초기의 혼란하던 시대를 바로잡으셨다고 생각하오. 오늘 비로소 실록이 완성되었으니 정말 기쁘오. 모두들 수고가 많으셨소."

세종은 말이 끝나자 맹사성을 바라보며 말했다.

"어서 실록을 가져오시오. 부왕의 치적이 어떻게 기록되었는지 차근히 읽어 보고 싶소."

그 순간 좌의정 황희와 우의정 맹사성의 얼굴이 굳어졌다.

'선왕에 대해 기록해 놓은 실록에는 선왕의 아들인 임금이 보아서는 안 되는 대목도 있는데.'

맹사성은 매우 난감한 표정을 지었다. 그때 좌대언(조선 초기 승정원에 소속된 정3품 관직) 김종서가 강경한 몸짓으로 말했다.

"전하, 아니 되옵니다. 선대왕의 실록을 보실 수는 없사옵니다. 통촉하옵소서!"

그 말을 듣는 순간 세종의 표정이 굳어졌다. 다른 신하들이 모두 김종서를 쏘아보았다.

'감히 정3품 벼슬자리가……'

그런 의미의 눈빛이었다. 황희와 맹사성 역시 김종서를 쏘아보고 있었지만, 입가에는 옅은 미소가 떠올랐다.

'역시 할 말을 하는 패기가 있군.'

김종서는 싸늘한 분위기에 당황한 듯 어쩔 줄 몰라 했다. 이때 황희가 머리를 조아리며 다시 말했다.

"전하, 좌대언 김종서의 말이 옳은 줄로 압니다. 역대의 왕께서도 선대왕의 실록을 보신 적이 없고, 태종 대왕께서도《태조실록》을 보신 적이 없사옵니다."

세종은 굳어진 표정을 풀지 않은 채 황희를 바라보며 말했다.

"전대(고려 조)의 왕들은 선왕의 실록을 모두 보았다고 들었소이다. 그리하여 태종께서《태조실록》을 보지 않겠다고 하니, 하륜 등은 보시는 것이 옳다고 말했소이다."

황희는 임금의 말에 당황한 표정을 지었다. 황희는 일을 처리하는 데 있어서 언제나 신중하고 확실했다. 어떤 문제가 생기면 그 원인을 소상히 밝혀 가장 적절한 해결책을 내놓았다. 또 임금과 신하 사이, 신하와 신하 사이에서 갈등을 조정해 주는 역할을 도맡아 했다.

그런 황희를 맹사성은 존경하며 따랐다. 두 사람은 각자 자기에게 주어진 분야에서 정치를 펼쳤다. 황희는 법의 집행과 국방, 경제 쪽의 일을 주로 처리했고 맹사성은 음악의 정비, 악공들의 교육, 과거 시험 감독관 같은 예술과 교육 분야를 맡았다.

그런데 지금 황희는 임금의 말에 아무 대답도 하지 못했다. 우의정 맹사성이 얼른 나섰다.

"전하, 그때 신하 변계량은 보시면 안 된다고 강력하게 주장했습니다. 그리하여 태종 대왕께서도 실록을 보시지 않았나이다."

하지만 세종은 고집을 꺾지 않았다.

"과인도 알고 있소이다. 과인은 다만 부왕의 치적을 살펴 앞으로 어떻게 하면 좋을지 본보기로 삼고자 할 뿐이오."

맹사성이 다시 엎드려 말했다. 임금의 화를 돋우는 한이 있어도 이번만큼은 할 말을 하리라 마음먹었다.

"전하, 이번에 편찬한 실록은 모두 아름다운 말과 훌륭하신 일만 적어 놓았으니 다시 고칠 것이 없습니다. 그래도 보시겠다면 더러 전하의 마음에 들지 않는 대목이 있을 수도 있습니다. 만약

그 실록에 내용을 첨가하거나 삭제하려는 의향이 있으시다면 역사는 제대로 보존되지 못할 것입니다."

임금이 돌연 크게 웃으며 말했다.

"허허허. 과인도 역사의 소중함을 알고 있습니다. 내 어찌 실록에 손을 대겠소이까? 단 한 자도 빼거나 더하지 않겠다는 약속을 하겠소이다."

세종이 한발 양보를 했지만, 맹사성은 여기서 물러날 수가 없었다. 마음을 다잡고 더욱 강경하게 말을 이어 나갔다.

"세종께서 실록을 보시면 아니 되는 이유가 두 가지 있습니다. 그 첫째는 실록을 보시면 사관(역사를 기록하는 관리)들이 전하를 두려워하여 사실을 바로 적지 못한다는 것입니다. 그리하여 바르게 적지 않으면 실록이 될 수 없을 것입니다. 둘째로 전하께서 실록을 보시면, 후대의 임금들도 모두 실록을 보려고 할 것입니다. 후대의 왕들이 전하와 같이 실록에 손을 대지 않는다는 보장이 없을 것입니다. 이 두 가지 이유 때문에 전하께서는 실록을 보실 수 없습니다."

세종은 맹사성의 말을 들으며 고개를 주억거렸고 한참 후에야 비로소 굳었던 얼굴을 풀었다. 그러자 황희가 안도하는 표정으로 조용히 말했다.

"전하, 역사는 진실을 적어 후세에 전할 때에 바른 역사가 되는 것입니다. 그러니 실록을 보시겠다는 뜻을 거두어 주시옵소서."

"과인이 오늘 실록을 보려고 한 것도 훗날 과인의 실록에 적힌다는 말이구려?"

다시 맹사성이 공손한 말투로 받았다.

"전하, 그렇사옵니다. 실록을 보시고자 하셨을 때, 저희 신하들이 안 된다고 한사코 말린 사실도 적힐 것이옵니다."

세종은 경연청 한쪽에서 묵묵히 붓을 놀리고 있는 사관을 물끄러미 바라보았다. 세종은 얼굴을 붉히며 솔직한 심정을 말했다.

"그러고 보니, 과인이 심히 부끄러운 말을 했소이다. 실록을 보지 않겠소이다."

경연청에 모인 신하들이 모두 안도의 한숨을 내쉬었다.

"전하, 성은이 망극하나이다."

백성들의 친구, 맹꼬불

"맹사성 대감이 고향 온양에 왔다 곧 올라간다고 하오."

진위(오늘날의 경기도 평택) 현감의 말에 양성(오늘날의 경기도 안성) 현감이 깜짝 놀라 물었다.

"그래요? 그렇다면 곧 이곳을 지나가시겠군요?"

진위와 양성은 맹사성의 고향 온양과 아주 가까운 거리였다.

"언제 대감을 뵙겠습니까? 이 기회에 잘 보여야지요."

진위 현감의 말에 양성 현감이 고개를 끄덕였다.

"앞으로 출세를 하려면 높은 분에게 잘 보여야지요. 그러면 편안히 지나가시도록 길부터 닦읍시다."

두 현감은 마을 사람들을 동원해 울퉁불퉁한 길을 평평하게 닦도록 했다. 그 일은 꼬박 하루가 걸렸다. 이튿날 아침, 두 현감은 아전들에게 명했다.

"이제 너희가 길목을 지키고 있다가 맹 대감 행렬이 나타나면 우리에게 얼른 알리도록 해라."

하지만 하루 종일 기다려도 아무 소식이 없었다.

"에잇, 오늘은 아닌 듯하니 술이나 마십시다."

기다리다 지친 두 현감은 툴툴대며 술상 앞에 앉았다. 두 사람은 주거니 받거니 술을 거나하게 마셨다.

그때였다. 어디선가 소 울음소리가 들리더니 웬 노인이 지나갔다. 그 모습을 본 진위 현감이 화가 나서 소리쳤다.

"네 이놈! 무엄하게 사또 앞을 그대로 지나치다니! 썩 내려서 용서를 빌지 못할까?"

노인은 못 들은 체 그냥 지나쳤다. 그 모습에 화가 난 진위 현감은 포졸에게 소리쳤다.

"저 버릇없는 늙은이를 당장 끌어내려라, 당장!"

포졸이 조심조심 노인에게 다가가 물었다.

"처음 보는 사람인데, 어디 사는 누구인가?"

노인이 아무 대답이 없자 포졸이 다시 물었다.

"귀머거리인가? 그렇지 않다면 대답을 하시게."

"내가 누군지 그렇게 궁금한가? 늙은이에게 무슨 이름이 있겠

느냐만 너희가 정 알고 싶다면 대답해 주지. 현감에게 가서 온양에 사는 맹고불이 제 소를 타고 가는 길이라 여쭈어라. 그리고 아무리 현감이라 할지라도 백성이 길을 가는 것까지 막을 수는 없다고 일러라."

말을 마친 노인은 여전히 소 등에 앉은 채 느릿느릿 앞으로 나아갔다. 포졸에게 말을 전해 들은 진위 현감은 화가 머리 꼭대기까지 나서 소리쳤다.

"여봐라! 저 노인을 당장 끌어내려라!"

그때 양성 현감이 벌떡 일어나며 포졸에게 물었다.

"맹고불? 분명 맹고불이라고 했단 말이냐?"

포졸이 눈을 끔벅이며 대답했다.

"예, 분명 온양 사는 맹고불이라고 했사옵니다."

그러자 양성 현감이 고개를 갸우뚱하며 중얼거렸다.

"고불? 고불이라면? 바로 맹사성 대감의 호가 아닌가?"

"맹사성 대감? 우리가 기다리는 바로 그 맹 대감?"

진위 현감의 말에 양성 현감이 고개를 끄덕였다. 그러자 진위 현감이 그 자리에 주저앉으며 중얼거렸다.

"아이고, 이게 무슨 일인가. 잘 보이려고 하다가 도리어 죽게 생겼군."

양성 현감은 놀라 주저앉은 진위 현감의 등을 어루만지며 위로의 말을 건넸다.

"맹사성 대감이 얼마나 마음이 넓은지 '너그럽고 후하기는 맹 정승일세.' 하는 말이 생겨났다고 하네. 또 어찌나 격이 없는지 같은 동네 사는 백성들, 심지어 동네 꼬마들까지도 '맹꼬불, 맹꼬불.' 이렇게 허물없이 부른다고 하니 너무 걱정하지는 말게나."

과연 진위 현감이 걱정하는 일은 일어나지 않았다. 그만큼 맹사성은 너그러운 품성을 가졌다. 또 성격이 부드러우며 예술가적인 감성이 풍부했다. 특히 음악에 뛰어난 재능이 있어 세종의 음악 사업에 큰 보탬이 되었다.

1435년, 76세의 맹사성은 벼슬자리에서 물러나 온양에 머물렀다. 하지만 나라에 중요한 일이 있을 때면 세종은 반드시 맹사성에게 물었다.

따스한 봄날이었다. 벌써 몇 시간째 밭에서 나올 줄을 모르고 일하던 맹 대감이 잠시 허리를 펴더니 시조 한 수를 읊었다.

강호에 봄이 드니 흥겨움이 절로 난다.

탁주 마시며 노는 시냇가에 물고기가 안주로다.

이 몸이 한가로운 것도 임금의 은혜이시다.

그 모습을 본 신임 사또는 빙그레 웃으며 일어섰다.

'아, 이건 대감의 시조 〈강호사시가〉 중 봄을 노래한 '춘사(春詞)'로구나. 이제 여름, 가을, 겨울을 노래하시겠네. 때는 지금이다!'

신임 사또는 오늘 처음 대감에게 인사를 드리러 왔다가 아무 말도 못 하고 지금까지 대감을 따라서 밭일을 하고 있었다. 그런데 뭐라 말을 붙이기도 전에 대감은 다시 밭일을 시작했다. 대감은 사또가 인사드리러 왔다는 것을 알면서도 아는 척하지 않았다. 사또는 그 이유가 궁금했지만 밭일이 끝날 때까지 묵묵히 기다렸다.

해가 저물어 갈 무렵, 드디어 대감이 흙을 털고 일어났다. 그제야 사또를 보더니 반갑게 말을 건넸다.

"어찌 아직도 가지 않았소이까?"

"온양에 새로 부임한 사또이옵니다. 대감께서 이곳에 계신다는 소리를 듣고 달려왔습니다."

"반갑구려. 고을 일도 바쁠 터인데 내가 오늘 결례가 많았소."

대감 앞에 앉은 사또는 떨리는 마음으로 궁금한 것부터 물었다.

"어째서 대감님은 하루 종일 힘든 밭일을 하십니까?"

그러자 대감이 빙그레 웃었다.

"이곳 백성들은 매일 이렇게 일을 한답니다. 사또께서도 이 고을에 오셨으니 이곳 사정을 잘 알아야 백성들을 잘 보살필 수 있을 게 아니겠소?"

"아! 백성들의 노고를 직접 겪어 보라는 깊은 뜻이 있으셨군요."

사또가 감탄하며 대답했다.

"백성들을 위하는 것이 곧 임금님께 충성하는 것이니 오늘 흘린 땀을 잊지 말고 기억하시오. 그러면 훌륭한 신하가 될 것이오. 백성과 임금을 섬기는 신하가 곧 훌륭한 신하지요."

사또는 말보다는 행동으로 몸소 가르쳐 주는 맹 대감의 뜻에 깊은 감명을 받았다. 그렇게 맹사성은 부드러운 갑옷과 같은 사람이었고 신하들의 스승이었다.

맹사성

예술성이 뛰어난 정치가 VS 신중하고 확실한 정치가

맹사성과 황희는 조선의 훌륭한 정치가로 손꼽히는 인물들이다. 두 사람은 세종 시대에 활약한 정승들로서, 나랏일을 할 때 떼려야 뗄 수 없는 찰떡궁합 명콤비였다. 기자는 서로를 존경하며 각자 자기에게 주어진 분야에서 최고의 정치를 펼쳤던 맹사성 공과 황희 공을 만났다.

아산 맹씨행단 고택
고려 말·조선 초기의 정승 맹사성이 살았던 가옥으로, 충청남도 아산시 배방읍에 위치한다. 고택의 뜰 안에는 600년이 넘은 은행나무 두 그루가 있어 '맹씨행단'이라고 불린다. '행단'은 공자가 은행나무 단에서 제자들을 가르쳤다는 고사에서 유래한 말로, 학문을 갈고닦는 곳을 뜻한다.

맹사성 공과 황희 공은 나이도 비슷하고, 세종대왕의 눈에 띈 시기도 비슷하시지요. 어떤 임명 과정을 거쳐 두 분이 좋은 콤비로 만날 수 있었는지 설명해 주시겠어요?

황희입니다. 맹사성 공은 전하께서 왕이 되신 이듬해에 이조판서와 예문관 대제학에 임명되었지요. 저는 귀양에서 풀려난 1422년에 좌참찬으로 임명되어 예조판서와 우의정으로 승진되었고요. 그러다 1431년에 저는 의정부의 최고 수장인 영의정이 되었고, 맹사성 공은 좌의정이 되신 거지요. 이때부터 저희는 화려한 콤비 플레이를 펼칠 수 있었답니다.

황희 공은 24년간 정승의 자리에 있으면서 18년 동안이나 영의정으로 일하셨지요. 왕 곁에서 그토록 오랜 시간 일할 수 있었던 비결이 무엇일까요?

맹사성입니다. 황희 공께서는 나랏일에 관한 한 고수 중에 최고수라고 할 수 있습니다. 특히 법의 집행과 국방, 경제 쪽의 일을 맡으셨지요. 제가 지켜본 바로, 황희 공은 일을 처리하는 데 있어서 언제나 신중하고 확실합니다. 임금과 신하 사이, 신하와 신하 사이에서 갈등을 조정해 주는 역할을 도맡아 하는 황희 공을 무척이나 존경하며 따르는 사람들이 많지요.

황희 공께서도 맹사성 공이 어떤 분인지 한 말씀 부탁드리겠습니다.

맹사성 공은 겸손하고 너그러운 품성을 가졌습니다. 성격이 부드럽고, 예술가적인 감성이 풍부하지요. 맹사성 공은 음악의 정비, 악공들의 교육, 과거 시험 감독관 같은 예술과 교육 분야의 일을 맡았습니다. 특히 음악에 뛰어난 재능이 있어 전하의 음악 사업에 큰 보탬이 되었답니다.

지금부터는 조선의 정치 제도에 관한 이야기를 해 보려고 합니다. 세종대왕께서도 처음에는 태종 때의 정치 제도를 그대로 이어받아 나라를 다스렸지요. 가장 대표적인 '6조 직계제'는 어떤 제도인가요?

6조 직계제는 6조의 책임자인 판서들이 왕에게 직접 업무 보고를 하도록 만든 제도입니다. 이 제도를 통해 왕이 모든 부서를 직접 관리할 수 있었지요. 하지만 왕이 일일이 정책을 결정하고 지시하기 때문에 시간이 너무 오래 걸린다는 단점이 있었어요. 전하께서는 왕을 대신하여 영의정, 좌의정, 우의정 등 의정부가 6조의 판서에게 보고를 받아 나랏일을 처리할 수 있도록 정치 제도를 바꾸셨습니다.

왕의 권한을 의정부에 나누어 주어 일을 좀 더 빠르고 효과적으로 처리할 수 있게 한 것이군요. '의정부'가 어떤 곳인지 좀 더 자세히 설명해 주시지요?

의정부는 나랏일을 보는 관리들을 지휘하는 곳으로, 최고의 권력을 가진 행정기관입니다. 영의정과 좌의정, 우의정 등으로 이루어져 있고, 이를 담당하는 관리를 '정승'이라고 부르지요. 정승들은 여러 가지 분야의 일을 나누어 맡은 6조로부터 보고를 받은 뒤, 왕의 결재를 받아 나랏일을 처리한답니다.

각 분야의 전문적인 일을 맡아 했던 6조에는 어떤 기관들이 있었나요?

6조 중에서 제일 높은 부서인 '이조'는 관리를 뽑거나 행정 일을 보는 기관입니다. 나라의 경제는 '호조'에서, 문서나 과거 시험은 '예조'에서 담당하지요. 군사에 관계되는 일을 하는 '병조', 법을 집행하는 '형조', 마지막으로 건축을 담당하는 '공조'가 있습니다. 6조의 최고 책임자는 '판서'라고 불렀고요.

황희 공과 맹사성 공은 조선의 대표적인 청백리로 알려져 있다. '청백리'란 재물에 대한 욕심 없이 검소하게 살아가는 올곧은 관리를 뜻한다. 그중에서도 능력, 효심, 예의와 같은 덕목을 두루 갖추고, 벼슬이 높거나 학식이 높은 선비들만이 청백리라 불릴 수 있었다. 이번 인터뷰를 통해 기자는 청백리의 뜻이 무엇인지 확실히 깨닫게 되었다.

정초

굶주리는 백성을 위해 농사를 연구하다

굶주리는 백성을 위해 농사짓는 법을 가르치다

정초는 고려 시대 말에 태어났다. 어릴 때부터 똑똑하다고 소문이 났지만, 안타깝게도 과거 시험을 볼 수 없었다. 아버지 정희가 조선을 세운 이성계를 반대하다 죽었기 때문이다. 그러다 뒤늦게 과거 시험에 급제한 정초는 세종 임금의 눈에 들었다. 세종 임금은 정초의 재능을 알아보고 늘 곁에 두었다.

1418년, 왕위에 오른 세종 임금의 첫 번째 숙제는 추위와 굶주림으로부터 백성을 구하는 것이었다. 조선을 세운 이후 한동안은 전쟁이 일어나지 않았기 때문에 인구가 빠르게 늘어났다. 하지만 식량은 턱없이 부족해 굶주리는 백성들이 많았다. 가뭄이라도 들면 나라 안은 먹을 것을 찾아 떠도는 사람들로 넘쳐 나곤 했다. 이를 안타깝게 생각한 세종은 신하들에게 명했다.

"백성들이 굶주리지 않도록 농사일을 돌보는 데 힘쓰라."

하지만 임금의 이런 노력에도 아랑곳없이 수확량은 늘 제자리걸음이었다. 보다 못한 임금은 정초를 불렀다.

"식량이 모자라 백성들이 굶주리고 있으니 마음이 몹시 아프구려. 백성들을 배불리 먹일 방법이 있겠소이까?"

"아무래도 백성들의 농사법에 문제가 있는 것 같사옵니다. 신이 직접 농촌으로 찾아가 농사법을 가르쳐 보겠습니다."

"그렇다면 그대를 함길도 감사로 임명하니 부디 헐벗고 굶주린 백성들을 보살펴 주시게나."

1423년 겨울이 끝나 갈 무렵, 정초는 함길도로 떠났다. 우리나라 북쪽 끝 두만강 아래 함경북도와 함경남도 지방이 바로 함길도였다. 긴 겨울이 끝나 가는 함길도 들판에는 몇몇 부지런한 농부들이 나와 밭을 돌보고 있었다. 꽤 넓은 밭이었는데도 농부들의 얼굴은 어두웠다.

"저쪽 끝에 있는 밭과 아래쪽 밭은 올해 묵혀야겠네."

한 농부의 말에 다른 농부가 고개를 끄덕였다.

"작년에 농사를 지었으니 한두 해는 묵혀야지. 그래야 땅의 기운이 살아나지."

농사를 지었던 땅에 이듬해 다시 씨를 뿌리면 잘 자라지도 않고

열매도 튼실하지 못했다. 그래서 농부들은 한 해 농사를 지은 땅은 그다음 한두 해 동안 쉬게 해서 땅심(땅이 식물을 길러 내는 힘)을 북돋아 주었다. 이런 방법을 '휴한법'이라고 했다. 농부들은 한숨을 쉬면서 내키지 않는 손길로 묵밭에 엉킨 풀들을 베고 땅을 갈아 씨를 뿌렸다.

정초는 그 모습을 보고 생각했다.

'저렇게 하는 것은 땅의 힘을 북돋아 줄 방법을 모르기 때문이야.'

정초는 농부들을 일일이 만나 농사법을 알려 주었다. 중국의 농업 책인 《농상집요》에 나온 대로 땅을 고르고 씨를 뿌리도록

했다.

"올해는 수확량이 좀 늘어나려나?"

"관찰사 나리께서 땅을 고르고 씨 뿌리는 법을 직접 가르쳐 주시지 않았나? 분명 뭔가 달라질 거야."

"그래 봤자 묵밭인데! 그래도 중국 농업 책이니까 믿어 보자고."

농부들은 혹시나 하는 마음으로 열심히 씨를 뿌렸다. 그리고는 가을이 되어 추수 때가 되기를 기다렸다.

"올해 농사는 어떤가?"

아침 일찍 말을 몰아 마을에 온 정초가 기대에 찬 얼굴로 물었다.

"말씀하신 대로 땅을 평평하게 고르고 씨를 뿌렸지만 달라진 게 없습니다. 실망스럽게도 수확량은 전과 다름이 없습니다."

농부는 안타까운 듯 고개를 숙였다. 정초의 얼굴에서 실망스러운 빛이 떠올랐다.

"땅이 거칠다 보니 어쩔 수 없는 모양입니다. 나리 탓이 아니니까 너무 심려 마십시오."

농부는 오히려 정초를 위로했다.

'책에 나온 대로 했는데도 거두어들인 양이 적은 이유는 뭘까?'

정초는 무거운 얼굴로 돌아섰다. 함길도 감영으로 돌아온 뒤에도 정초는 그 생각만 했다.

'무엇이 문제일까? 도대체 무엇 때문에 농사가 잘 안되는 것일까?'

정초는 자신이 즐겨 보던 책 《농상집요》를 다시 들춰 보며 고개를 갸우뚱했다.

'《농상집요》는 가장 앞선 농사법을 담은 책이다. 중국에서는 이 책으로 큰 효과를 보았다고 하지 않았는가? 그런데 어째서 《농상집요》에 나온 대로 농부들을 가르쳤는데도 아무 효험이 없는 것일까?'

정초는 책을 덮으며 한숨을 내쉬었다. 함길도에서 백성들을 잘 살게 할 방법을 찾겠다고 임금과 약속했기 때문이다.

'약속은 지키지 못했지만 헛수고만 한 건 아니야. 《농상집요》가 우리나라에 맞지 않는다는 것을 알아냈으니까.'

2년 만에 대궐로 돌아온 정초는 세종에게 지금까지의 일들을 솔직하게 보고했다. 세종은 그동안 애쓴 정초의 노고를 위로해 주었다.

한양에서 정초는 바쁜 나날을 보냈다. 형조 참판, 이조 참판과 같은 높은 관직에 잇달아 올랐기 때문이었다.

뛰어난 유학자였던 정초는 중국을 방문하는 사신들에게 예절을 가르치기도 했다. 그러다 보니 중국에 대해 잘 아는 사람들과 만날 기회가 많았다.

그러던 어느 날, 정초는 중국에 여러 번 다녀온 사신과 이야기를 나누게 되었다. 이런저런 이야기 끝에 사신이 말했다.

"중국은 땅이 넓고 비옥해서 씨만 뿌리면 잘 자랍니다."

순간 정초의 귀가 번쩍 뜨였다.

"그래요? 어째서 그렇답니까?"

"중국의 화북 지방엔 황허라는 어마어마하게 큰 강이 있습니다. 그 강이 한 번 넘칠 때마다 들판으로 질 좋은 황토가 쏟아지지요. 그래서 그냥 씨만 뿌려도 잘 자란답니다."

"황토라고요?"

"예, 우리나라에서도 가끔 황토를 걷어다 밭에 뿌린다고 들었습니다. 그렇게 하면 밭이 기름져진다고 하더군요."

'그랬구나! 그래서 《농상집요》에는 씨 뿌리고 밭 가는 법만 잔뜩 나와 있었던 거야. 밭을 기름지게 하는 방법에 대해선 한 줄도 없었던 이유가 있었어.'

사신을 만나고 나서 정초는 비로소 깨달았다. 함길도에서 가르친 농사법이 왜 실패했는지 그 이유를 알게 된 것이다.

'중국 농사법을 우리 땅에 썼으니 당연히 안 맞을 수밖에 없었어. 《농상집요》가 우리나라 실정에 맞지 않았던 이유는 단 하나다! 바로 자연이 다르기 때문이었어. 중국 화북 지방을 배경으로 만들어진 책이니 당연히 맞지 않았던 거야. 당장 오늘부터 우리 실정에 맞는 새로운 농사법을 찾아야 해!'

백성들의 지혜를 모으다

정초는 서둘러 세종 임금을 찾았다.

"지금부터는 우리나라에 맞는 새로운 농사법을 찾아 보급해야 합니다."

"농사법이라면 우리나라 관리가 모두 배우고 익히도록 되어 있는 《농상집요》가 있지 않소. 그 책이 틀렸다는 말이오?"

세종이 놀라 되물었다.

고려 시대 말, 몽골의 침략으로 온 나라가 황폐해지고 백성들은 굶주림에 허덕이고 있었다. 게다가 권력을 손아귀에 쥔 몇몇 사람들이 기름진 밭을 모조리 차지해 버렸다. 백성들은 힘들게 농사를 지어도 입에 풀칠하기 어려웠다. 보다 못한 학자들이 《농상집요》라는 중국의 책을 알기 쉽게 번역해서 보급했다. 그때부터 많은 학자와 관리들이 《농상집요》를 매우 소중하게 여겼다.

"아무리 중국의 농사 책이 훌륭하다고 해도 우리 땅에 맞지 않으면 소용이 없다는 걸 알았습니다. 훌륭한 책이라 하더라도 현실에 맞지 않으면 버려야 하옵니다."

"지금도 백성들이 이토록 고달픈데 그 책마저 없다면 무엇을 믿고 의지하겠는가? 좀 더 많이 수확해 백성들이 배불리 먹을 수 있는 방법을 어디에서 찾겠는가?"

세종은 괴로운 듯 긴 한숨을 토해 냈다.

"신도 아직 방법을 찾지는 못했습니다. 하지만 백성들의 지혜를 빌리면 될 것이라 생각합니다."

"백성들의 지혜라니?"

"어느 농촌에나 농사를 잘 지어 부자로 사는 사람들이 있습니다. 그들의 농사짓는 법은 어떠한지, 그 땅과 기후는 어떠한지를 연구해 다른 백성들에게 가르친다면 배고픈 문제를 조금이나마 덜 수 있을 것입니다."

정초는 한마디 한마디 자신 있게 말했다.

"그러자면 온 나라를 다 돌아다녀야 할 텐데······."

"신에게 좋은 생각이 있습니다."

그러면서 정초는 미리 생각해 온 이야기를 꺼냈다.

몇 년 전인 1424년 11월에 임금은 각 도 관찰사와 수령들을 총동원해서 백성들의 생활을 조사했다. 각 고을의 인구가 얼마나 되는지, 밭의 크기는 어느 정도인지, 특산물은 무엇인지, 둑은 괜찮은지, 땅은 비옥한지를 세세히 조사해 보고서를 올리도록 했다. 그렇게 해서 세종은 자연을 과학적으로 분석해 생활에 이롭게 바꿀 수 있는 기틀을 마련했다. 정초는 자신의 연구에 이 보고서를 활용할 거라고 했다.

"그래, 그러면 되겠구나!"

세종은 무릎을 탁 치면서 고개를 끄덕였다.

정초는 각 고을 사또들에게 그 고을에서 가장 농사를 잘 짓는 농부를 찾으라고 명했다. 그리고 농사법을 자세히 보고하도록 했다. 그렇게 올라온 보고서와 지역의 기후나 땅의 특징을 비교해 보면 가장 알맞은 농사법을 알 수 있었다. 잘 모르는 부분은 지방 사또들에게 묻거나 농부들을 직접 만나 해답을 찾았다. 정초는 틈만 나면 조선의 이곳저곳을 여행했다.

그러던 어느 날, 어느 고개를 넘어갈 때였다. 고개 너머로 하얀 연기가 솟아오르는 모습이 보였다.

"저게 무엇이냐? 연기 아니냐?"

정초가 놀라며 묻자, 옆에 있던 하인이 당황한 몸짓으로 그쪽을 바라보았다.

"불이 난 것 같습니다. 불이 쉽게 번질 때라서……. 멀리 돌아가야 할 것 같습니다요."

그러면서 하인은 정초가 탄 말의 고삐를 잡아당기려고 했다.

"예끼 이놈아! 불이 났으면 불을 끌 생각을 해야지 도망갈 궁리나 하는 거냐?"

정초의 말에 하인의 얼굴이 벌게졌다.

"바짝 마른 산속에서 불길이 번지면 순식간에 모든 걸 태워 버립니다요. 자칫하다간 목숨이 위태롭습니다."

"잘 보아라! 저건 산불이 아니다."

그 말에 하인은 연기를 유심히 보았다. 연기는 일정하게 솟아올랐다.

"그렇습니다요. 누가 저기서 뭘 태우나 봅니다."

"산불이라도 나면 어쩌려고……. 정말 위험한 일이로구나."

정초는 불을 피운 사람을 혼내 줄 생각으로 급히 고개를 넘었다. 고개 너머에는 서너 명이 모여 불을 지르고 있었다. 정초는 가까이 다가가 호통을 쳤다.

"자네들, 이게 무슨 짓인가? 그러다가 불이 번지면 목숨을 잃을 수도 있다네!"

그러자 사람들이 너도나도 이야기를 시작했다.

"저희는 먹을 것이 모자라 늘 배를 곯고 있습니다."

"그런데 어느 날 산불이 난 자리에 풀이 훨씬 잘 자라는 걸 보게 되었죠. 그래서 일부러 이렇게 불을 놓고 있는 겁니다."

"불이 난 자리에 풀이 잘 자란다? 그게 사실인가?"

"물론입니다. 우리가 눈으로 똑똑히 확인했습니다요."

"여태까지는 땅심을 돋우려고 멀쩡한 밭을 묵혔습니다. 하지만 이렇게 밭에 불을 놓으면 매년 농사를 지어도 괜찮습니다."

"정말인가? 매년 농사를 지을 수 있다는 말인가?"

정초가 믿을 수 없다는 듯 고개를 갸우뚱하자 사람들은 정초를 밭 한쪽으로 데리고 갔다. 그곳에는 여러 가지 짚풀과 인분, 재를 버무린 것이 산처럼 쌓여 있었다. 김이 모락모락 오르며 고약한 냄새를 풍겼다.

"이것을 밭에다 뿌린단 말인가? 이렇게 냄새가 나는 것을?"

"아닙니다요. 이걸 펼쳐 햇빛에 말리면 냄새도 별로 안 나고, 잘게 부수면 그냥 재와 비슷해집니다. 그걸 씨에 버무려서 뿌리고 있습니다."

"오호! 그러니까 밭을 묵힐 필요가 없겠구나!"

정초는 농부들을 아낌없이 칭찬해 주었다.

"자네들은 아주 중요한 발견을 했네. 이건 우리나라 어디에서든 써먹을 수 있는 놀라운 농사법이야."

정초는 새로운 거름 만드는 법을 전국으로 퍼뜨렸다.

'풀을 태워 재를 만들고, 재를 썩혀서 거름을 만든다. 그렇다면 풀을 태우지 않고 그대로 썩히는 것은 어떨까? 태우지 않은 풀을 썩히면 더 많은 거름을 얻을 수 있을 것이다.'

정초는 혹시나 하는 마음으로 각 고을에서 올라온 보고서를 하나하나 펼쳐 보았다. 그때였다. 밭 위에 풀을 베어 덮어 놓고 썩히는 방법인 '녹비'에 대한 보고서가 눈에 들어왔다.

"실제로 풀을 그냥 썩히기도 하는구나."

정초는 곧장 보고서에 나온 그 마을을 찾아갔다.

"아무 풀이나 다 거름이 되는 것은 아닙니다."

정초를 만난 농부가 퉁명스럽게 대답했다.

"참갈잎을 썩혀야 좋은 거름이 됩니다."

"나는 농사에 관해서는 아는 게 없네. 그대들의 도움을 받아

이 나라 백성들을 조금이라도 배불리 먹이고 싶은 임금님의 마음을 헤아려 주게나."

농부는 잠시 생각하더니 천천히 고개를 돌려 정초를 바라보았다. 잠시 망설이는 듯하더니 드디어 입을 열었다.

"그렇다면 우리 집 거름을 보여드리겠습니다."

그러면서 농부는 정초를 이끌고 어딘가로 향했다.

"여긴 외양간이 아닌가?"

"저희 할아버지께서도 어디선가 보고 배운 것이라고 합니다. 외양간에서 나온 소나 말의 배설물에다 버드나무 가지를 섞어 썩히면 아주 훌륭한 거름이 됩니다."

농부는 외양간 근처에 잔뜩 쌓아 놓은 거름을 보여 주었다. 거름은 햇빛을 받아 잘 삭고 있었다.

"고맙네, 녹비 만드는 비법만 해도 고마운데 좋은 것 많이 배웠네."

정초는 기뻐서 어쩔 줄 몰랐다. 이제 모든 일이 다 잘될 것처럼 보였다. 하지만 한양으로 되돌아와 다른 보고서를 꼼꼼히 읽어 보던 정초의 얼굴이 점점 굳어졌다.

'아무리 거름을 많이 주어도 소용이 없다고? 농사를 망치는 경

우가 이렇게 많다고! 그렇다면 대체 또 뭐가 필요한 거야?'

정초는 찬찬히 생각을 되짚어 보았다. 《농상집요》의 내용을 떠올리며 아직도 해결하지 못한 의문점을 생각해 보았다.

'중국에 있는 화북 지방은 땅이 비옥해서 거름이 필요 없었어. 우리나라는 그렇지 못해서 해마다 묵밭을 일구었지. 그리고 그 문제는 거름을 주는 방법으로 극복할 수 있었어. 그런데…….'

한참 생각에 잠겼던 정초는 손뼉을 딱 마주쳤다.

"옳거니! 바로 그거였어!"

중국을 오가는 사신에게 들었던 말이 퍼뜩 떠올랐다.

'화북 지방은 우리나라보다 비가 훨씬 적게 옵니다.'

"그래! 우리나라는 화북 지방과 땅만 다른 게 아니었어. 기후가 다르지! 비가 많이 내리면 농사를 망칠 수 있는 거야."

생각이 거기까지 미치자 정초는 벌떡 일어나 미친 듯이 보고서를 뒤졌다. 한참 뒤진 끝에 한 보고서를 찾아냈다.

"바로 여기야, 여기! 이곳 사람들이 답을 알고 있어."

정초는 밭갈이로 분주한 남부 지방의 한 농촌 마을을 찾아갔다. 어른이고 아이고 할 것 없이 모두 밭에 나와 일을 하고 있는 모습이 눈에 띄었다. 정초는 자신을 안내한 사또에게 물었다.

"보고서에 나와 있는 마을이 바로 이곳이오?"

"예, 그렇습니다. 땅은 넓지 않지만 살림살이는 넉넉한 편입니다. 굶는 백성이 없으니까요."

사또가 자신감이 넘치는 얼굴로 대답했다.

"보아하니 그렇구려. 길도 잘 닦였고, 집도 아담하고 깨끗한 것으로 보아 밥을 굶는 일은 없는 듯하오."

정초가 고개를 끄덕이자 사또가 궁금한 듯 물었다.

"그런데 이 마을을 보시자고 한 까닭이 무엇입니까?"

"모두 흉년이 드는 때에도 농사를 망치지 않는 집들이 이 마을에 있다고 했소?"

"예, 그렇습니다."

"혹시 사또는 그 이유를 알고 있소?"

"글쎄요. 그러고 보니 참 신기한 노릇입니다."

사또는 얼굴을 붉히며 멋쩍게 웃었다. 정초는 말없이 밭갈이를

하고 있는 농사꾼 가족에게 다가갔다. 구슬땀을 흘리며 일하는 가족의 모습을 지켜보던 정초가 활짝 웃었다.

"답을 찾았네! 흉년이 이 마을을 피해 가는 이유를 말일세."

농부 가족은 고랑을 깊게 파고 이랑을 높이 만들어 놓았다. 그러고는 이랑 위에 자리를 만들어 씨를 뿌리고는 정성스레 흙으로 덮었다.

"왜 이렇게 하는 것인가?"

정초는 불룩 솟은 땅을 가리키며 물었다. 처음 보는 양반 나리와 사또의 느닷없는 행차에 깜짝 놀랐지만 농부는 자신 있게 대답했다.

"아, 이랑 말씀이십니까? 예전에는 곡식이 잘 자라다가도 비만 내리고 나면 썩어 버려 농사를 몇 번이나 망쳤습니다. 그래서 어떻게 하면 물이 잘 빠질까 고민했습죠. 물만 잘 빠지면 농사를 망치지 않을 텐데 하면서요."

"그래서 이렇게 고랑을 깊이 판 것인가? 그랬더니 물이 잘 빠지던가?"

정초의 말에 농사꾼은 신이 나서 말했다.

"물론입니다. 좋은 점은 그뿐이 아닙니다요. 땅을 깊이 파서 흙을 뒤엎어 놓았더니 땅이 좋아졌습니다. 또 이랑을 만들기 전에는 싹이 나와도 가물면 쉬이 말라 죽고, 비가 오면 썩어 버리곤 했죠. 그런데 이랑을 만든 뒤에는 가물어도 까딱없고, 비가 와도 까딱없습니다."

정초는 끊임없이 고민하고 또 고민해 해결책을 찾아낸 농부를 새삼 다시 보았다. 지혜로운 농부였다. 궁궐로 되돌아오는 정초의 발걸음은 새처럼 가벼웠다.

정초가 세종 임금에게 새로운 농사법을 정리해야 한다고 이야기한 지 1년 뒤, 마침내 우리나라 최초로 농사법을 다룬 책이 만들어졌다. 바로 《농사직설》이었다.

《농사직설》은 세계에서 가장 뛰어난 금속 활자를 찍어 내던 우리나라 주자소에서 만들었다. 이 책은 곧 지방 관리들의 손에서 손으로 퍼졌고, 백성들은 관리들의 도움을 받아 새로운 방법으로 농사를 짓게 되었다.

그 외에도 정초는 많은 일을 했다. 정초는 세종 임금 시절에 이루어진 모든 업적의 기초를 마련했다. 왕실의 문화를 세계적 수준으로 끌어올리기 위해 궁중 음악을 정리했고, 우리나라를 문명국으로 만들기 위해 예의범절의 법도를 정했다.

또한 중국 역법을 연구해 우리나라 관리들이 역법의 원리를 터득하도록 도왔다. 그렇게 만들어 낸 것이 바로 《칠정산 내편》이었다. 역법에 필요한 혼천의와 간의대를 만드는 일도 맡았다. 정초는 애석하게도 간의대가 만들어질 무렵에 세상을 떠났다. 역법을 완성하는 일은 후배 과학자 이순지가 맡았다.

정초

농민들의 시름을 덜어 준 과학자

정초와 변효문이 함께 만든 《농사직설》은 백성을 위하는 세종의 정책이 잘 담긴 책이다. 이 책에는 땅을 고르는 방법부터 씨를 뿌리고, 거름을 주는 방법까지 다양한 농사법이 소개되어 있다.
기자는 농민들의 농사짓는 풍경을 바꾸어 놓은 《농사직설》을 쓴 정초 공을 만났다.

세종대왕께서는 백성들이 굶주리지 않도록 신하들에게 농사일을 돌보는 데 힘쓰라는 명령을 내리셨지요. 수확량이 적어 어려움을 겪고 있던 조선의 농촌 풍경은 어떠했나요?

농부들은 휴한법으로 땅을 길들이고 있었습니다. 휴한법이란 한 해 농사를 지은 땅은 그다음 한두 해 동안 쉬게 하는 농사법이지요. 농부들이 이 방법을 고집한 이유는 농사를 지었던 땅에 이듬해 다시 씨를 뿌리면 잘 자라지 않고, 열매도 튼실하지 못했기 때문이에요. 같은 땅에서 매년 농사를 지을 수가 없어서 수확량이 턱없이 부족하다는 문제가 있었지요.

공께서는 농부들을 일일이 만나 중국의 농업 책인《농상집요》의 내용을 알려 주셨지요. 하지만 실망스럽게도 수확량은 전과 다름이 없었다고요?

《농상집요》는 그 당시 가장 앞선 농사법을 담은 책이었습니다. 중국에서는 큰 효과를 보았던 이 책이 우리나라에서는 아무 효험도 없었어요. 중국 농사법을 우리 땅에 썼으니 당연히 맞지 않을 수 있다는 생각이 들었습니다. 중국과 우리나라는 자연이 다르기 때문이지요. 그다음부터 저는 우리 실정에 맞는 새로운 농사법을 찾아야겠다고 결심했습니다.

우리 실정에 맞는 농사법을 찾기 위한 공의 노력이 대단했다고 하던데요?

우선 각 고을 사또들에게 농사법을 자세히 담은 보고서를 올리도록 명했습니다. 틈만 나면 조선의 이곳저곳을 여행하며 농촌을 살폈고요. 그러면서 녹비 만드는 비법, 고랑을 깊게 파고 이랑을 높이 만들어 비를 피해 농사짓는 법 등을 알게 되었지요. 지혜로운 농부들에게서 얻은 새로운 농사법을 정리하여 쓴 책이 바로《농사직설》입니다.

《농사직설》
정초, 변효문 등이 1429년에 편찬한 농업서.

《농사직설》에 어떠한 내용이 담겨 있는지 좀 더 자세히 설명해 주세요.

《농사직설》은 다음 해에 심을 씨앗을 선택하고 저장하는 법과 논밭을 가는 방법을 비롯한 농사 정보를 10개 항목으로 나누어 알기 쉽게 설명한 책입니다. 그중에서 농부들이 가장 흥미로워한 부분은 벼 재배법인데요. 농부들은 대부분 씨를 직접 논에 뿌리는 직파법으로 벼를 재배하고 있었거든요. 그런데 일부 남부 지방에서만 사용하고 있던 모내기 방법이 《농사직설》에 실려 있어 큰 관심을 끌었지요.

《농사직설》은 처음부터 끝까지 한자로 쓰여 있지요. 글을 모르는 일반 백성들은 이 책을 읽을 수 없었던 것 아닌가요?

그렇습니다. 백성들이 직접 책의 내용을 읽을 수 없었기 때문에 새로운 농사법을 전파하는 일은 어려움이 많았지요. 각 고을에 배포된 《농사직설》을 수령이 먼저 읽고 난 후, 책에 적힌 방법을 아전들이 농민들에게 알려 주는 수밖에 없었습니다. 농사법이 널리 알려지기까지 시간이 걸렸지만, 똑같은 논과 밭에서 이전보다 더 많은 곡식을 거둘 수 있게 되었으니 농민들이 아주 기뻐했지요.

백성들이 직접 글을 읽을 수 있다면 새로운 농사법을 훨씬 손쉽게 전파할 수 있지 않았을까 하는 아쉬움이 드네요.

전하께서도 그 점을 무척이나 안타까워하셨습니다. 어려운 한자로 된 책은 백성들에게 별로 도움이 되지 못했지요. 아무리 좋은 책을 펴내도 백성들이 글을 모르면 아무 소용이 없다는 것을 알고, 백성들을 위한 글자를 만들어야겠다는 전하의 결심이 더욱더 확고해진 것이 아닐까 싶습니다.

직접 발로 뛰어 농부들의 지혜를 모았던 자신의 노력이 헛되지 않았던 것 같다는 말을 남기며 정초 공은 인터뷰를 마쳤다. 1429년에 《농사직설》을 펴낸 이후에도 정초 공은 더욱 과학적인 농사법을 찾아 해마다 내용을 보태고 고쳤다.

이순지

조선의 하늘과 시간을 새롭게 열다

한양의 위도를 알아내다

1421년, 세종이 왕위에 오른 지 3년째 되는 해였다. 세종은 신분이 낮아도 재주가 있는 특별한 사람들을 뽑아 벼슬을 주었다. 그 가운데에는 노비의 아들인 장영실도 있었다. 세종은 천문 기상학에 관심이 많았다. 세종이 오래전부터 아끼던 과학자 윤사웅, 최천구는 장영실과 함께 특별한 임무를 띠고 중국에 갔다.

일행은 중국 곳곳을 누비면서 조선에 없는 유용한 책들을 사들이고, 우리보다 훨씬 앞선 천문 기상학 기술로 만든 갖가지 기기들을 견학했다. 천문학에 조예가 깊지 않았던 장영실은 윤사웅 같은 관리의 도움을 받아 기기들이 어떻게 만들어졌는지 알아냈다.

1년 뒤 조선으로 돌아온 그들은 달력을 만들기 위한 연구를 시작했다. 당시 우리나라의 역법은 중국에 의존하고 있어서 우리나라 실정에 잘 맞지 않았고 정확하지도 않았다. 세종은 이러한 점을 늘 안타깝게 생각하고 있었다.

"과거에 급제한 신하들 중 재능 있는 사람들에게 역법에 필수적인 계산법을 익히게 하시오."

하늘의 비밀을 풀 만한 능력을 가진 사람을 키워 내겠다는 뜻이었다. 그 뒤로 학자들은 10년 동안 쉬지 않고 연구를 이어 갔다.

1427년, 이순지는 스물한 살의 나이로 문과에 급제했다. 그는 승문원에서 외국 문서를 번역하는 일을 했다. 그때 이순지는 새로운 세계를 만나 그 세계에 푹 빠졌다. 양반이라면 누구도 관심을 두지 않았던 산학(지금의 수학) 분야였다.

'숫자로 세상을 정리하면 복잡한 것도 단순해지는군. 숫자는 세상에 있는 모든 것들을 풀어내는 신기한 도구야.'

이순지는 세상의 이치는 산학을 통해 풀 수 있다고 믿었다. 그래서 자나 깨나 숫자 이야기만 했다. 하지만 사람들은 산학을 장사치들이나 중인들이 익히는 단순한 기술이라고 생각했다. 양반 출신 관리인 이순지가 열심히 산학을 연구하니 모두들 이상하게 여겼다.

승문원에서 4년간 근무한 뒤 이순지는 집현전 안에 있는 '역법 교정'이라는 자리로 옮겼다.

산학은 역법의 기초가 되므로 역법 교정은 산학을 잘해야만 갈 수 있는 곳이었다. 집현전 안에는 외국의 역법을 연구하는 연구실이 있었다. 모두들 다른 나라 역법을 분석하느라 여념이 없었다.

그곳에서 이순지는 물 만난 물고기와 같았다. 외국의 산학 책과 천문학 책들을 마음껏 읽으며 빠르게 내용을 익혀 갔다. 불과 1년도 안 되어 이순지의 산학 실력과 천문학에 대한 지식은 다른 사람들을 앞서기 시작했다.

"자네, 아침부터 뭘 그렇게 뚫어지게 읽고 있나?"

선배 관리 1명이 이순지를 못마땅한 듯 쳐다보며 물었다.

"아, 산학에 관한 책입니다."

"산학이라고?"

"예, 보면 볼수록 무척 재미있는 책입니다."

"이보게, 자네! 산학에 재미 붙여서 뭐 하려고? 그건 중인들이 쓰는 단순한 기술일 뿐이라고!"

"단순한 기술일 뿐이라고요? 그건 아닙니다. 산학에도 깊은 세계가 있습니다."

"깊은 세계라고? 그깟 산학에 무슨 깊은 가치가 있다고!"

그러자 이순지는 확신에 찬 말투로 대답했다.

"유학이 유학으로서의 가치가 있듯이, 산학은 산학으로서의 가치가 있습니다."

선배 관리가 한심한 듯 말했다.

"자네 같은 명문가 아들이 뭐가 아쉬워서 그깟 산학에 매달리는가? 산학은 아무리 잘해도 출세에 도움이 안 되고 학자로 이름을 남길 수도 없다는 걸 모르나?"

선배 관리의 말은 하나도 틀린 것이 없었다. 산학을 직업으로 하는 사람은 중인이었다. 이순지가 그 길을 선택한다는 것은 누가 보아도 어리석은 일이었다. 하지만 이순지는 산학이 너무나 좋았다.

1431년이었다. 뭔가에 집중하고 있던 이순지가 벌떡 일어나며 외쳤다.

"드디어 한양의 북극 출지(지면에서 북극성을 바라본 각도로 오늘날 위도와 비슷한 개념)를 알아냈습니다."

"자네 농담하나? 그건 집현전 학사들도 하지 못했던 일인데."

역법 교정을 맡은 사람들은 당시 최고의 산학 실력을 가진 사람들이었다. 오랫동안 외국의 산학 관련 책을 보며, 토론을 통해 산학 실력을 키우기도 했다. 그런 사람들이 여태껏 밝히지 못한 것을 신출내기 이순지가 찾아냈다니 도무지 믿을 수 없었다. 하지만 이순지는 자신 있는 목소리로 말했다.

"북극 출지란 북극성이 땅에서 떨어진 거리, 그러니까 북극성과 땅이 이루는 각도입니다."

"여기서 그걸 모르는 사람이 어디 있나?"

"북극 출지를 알기 위해 북극성과 땅이 이루는 각을 꼭 재어야 할까요? 다른 방법은 없을까요?"

"글쎄, 누구도 모르는 그 방법을 알면 얼마나 좋을까?"

누군가의 빈정거리는 말에 연구실은 웃음바다가 되었다. 이순지는 웃음소리가 그치기를 기다렸다. 그러고는 다시 진지하게 말을 이어 갔다.

"혹시 방법이 없을까 해서 중국 천문학 책을 뒤져 보았습니다. 그러다가 놀라운 사실을 발견했습니다. 옛날 우리나라와 중국에선 막대를 세워 태양의 길이를 재었습니다. 그걸 이용해서 원나라 천문학자인 곽수경은 '규표'라는 것을 만들었습니다. 규표를 이용하면 태양의 높이와 땅 사이의 각도를 알아낼 수 있습니다."

"하지만 태양과 땅 사이의 각도가 북극 출지와 무슨 상관이 있지?"

누군가의 말에 이순지는 곧바로 종이 위에 원과 선을 그려 나갔다. 연구실이 술렁였다.

'도형을 이용해서 북극 출지를 계산하려 하다니!'

잠시 후 연구실의 관리들은 놀라 입을 쩍 벌렸다. 다음 날, 세종은 놀라운 소식을 들었다.

"전하, 한양의 북극 출지를 알아낸 이가 있습니다."

세종은 고개를 갸우뚱했다. 세종은 여러 분야에 대해 전문가 못지않은 지식을 갖추고 있었다. 조선에는 산술이 발달하지 않아 한양의 북극 출지를 알아낸다는 것은 거의 불가능했다.

"누가 그것을 밝혀냈소?"

"역법 교정 이순지가 산술로 알아냈다고 하옵니다."

이순지는 대궐 안에서 산학에 남다른 재능을 가진 관리로 소문이 자자했다. 세종은 곧바로 이순지를 불러 산술로 알아낸 한양의 북극 출지를 물었다. 이순지는 거침없이 대답했다.

"제가 계산해 보니 한양의 북극 출지는 38도이옵니다."

세종은 고개를 끄덕였으나 젊은 학사의 말을 그대로 믿지는 않았다. 하지만 이때부터 이순지를 눈여겨보기 시작했다. 그러던 어느 날, 세종은 중국 사신을 따라 조선에 온 산학자를 만나게 되었다. 그가 갖고 온 책을 통해 이순지가 계산한 결과가 정확하다는 것을 알았다. 세종은 크게 기뻐하며 결심했다.

'이순지를 조선의 역법을 담당할 과학자로 키우겠노라.'

간의대에서 하늘의 이치를 터득하다

이순지를 지켜본 세종은 자신감을 얻었다. 그에 따라 놀라운 계획을 발표했다.

"하늘의 법칙을 밝혀 '자주적인 역법'을 만들도록 하겠소."

이 계획에 따라 하늘을 관측할 간의와 혼천의가 만들어졌다. 10년이 넘는 역법 교정 사업의 성과로 역법을 만드는 원리들이 속속 밝혀졌다. 이제 필요한 것은 하늘을 관측해서 해와 달과 오행성의 비밀을 밝혀내는 일이었다.

1434년 어느 날, 간의대가 첫선을 보이는 날이었다. 조용하게 공부만 하던 학자들이 왁자지껄 떠들며 경복궁으로 모여들었다. 경복궁은 하루 종일 떠들썩했다. 이순지도 그 자리에 있었다.

경회루 서북쪽에 눈부시게 하얀 화강암으로 만들어진 높이 9.5미터의 계단식 받침대가 웅장한 모습을 드러냈다. 그 위에는 구리로 만든 아름다운 간의가 놓여 있었다. 간의는 하늘에 놓인 해와 달과 별들의 각도를 재는 각도계이며 별의 위치를 표시하기 위해서 꼭 필요한 기구였다. 간의대는 간의를 놓기 위한 받침대였다.

이순지는 멀리서 간의대 위에 구리로 만든 간의가 놓여 있는 모습을 뚫어지게 바라보았다. 뭔지 모르게 가슴이 벅차올랐다.

"와! 정말 대단하다!"

모여든 사람들이 입을 모아 감탄사를 내뱉었다. 누구보다 기뻐한 사람은 오랫동안 이 일을 계획해 왔던 세종이었다. 잠시 뒤 세종은 이순지를 불렀다. 이순지는 떨리는 마음으로 간의대 앞에 섰다.

"그대가 간의대를 맡아 주어야겠네."

이순지는 순간 당황했다. 간의대를 맡는 것은 보통 음양과 출신의 천문 관리들이었다. 간의대는 하늘을 살펴 별의 움직임과 변화를 기록하고 원리를 알아내는 곳으로 오늘날의 천문 관측소와 비슷한 곳이었다.

간의대에는 이미 장영실과 이천 등 능력 있는 인재들이 일하고 있었다. 이순지는 빼어난 수학 실력을 가졌으나 사대부 집안에 문과 출신이었다. 더구나 집현전 소속 학사였다. 집현전은 인재들만들어가는 곳이어서 앞날이 창창하게 보장되어 있었다.

"간의대를 맡는 일이 이슬과 바람을 맞으며 밤하늘을 지켜야 하는 고된 일인 것을 잘 안다. 게다가 천문을 읽어 내는 일이 명문가 출신의 자네에겐 맞지 않을 수도 있지. 하지만 이 일을 잘 해낼 사람은 그대뿐이다."

세종은 이순지를 똑바로 쳐다보며 말했다. 당시 조선에서 가장 뛰어난 수학자는 정초, 정흠지, 정인지였다. 하지만 정초는 이미 병으로 세상을 떠났고, 정흠지도 나이가 많았다. 정인지는 집현전 책임자로서 나라의 연구 개발 사업을 총지휘하느라 바쁜 나날을 보내고 있었다. 이순지는 스물아홉 살 젊은 나이였다.

"무려 10년 동안 온 정성을 기울여 추진한 역법 교정 사업 덕분에 조선만의 역법이 만들어지고 있다. 다만 해와 달과 오행성의 비밀을 밝혀내는 일만 남았는데, 자네가 완성해 주길 바란다."

세종의 말에 이순지는 또다시 가슴이 벅차올랐다.

"전하를 위하여, 백성을 위하여 꼭 새로운 하늘을 보여 드리겠다고 맹세하옵니다."

그날부터 이순지는 온 힘을 다해 연구에 매달렸다. 그가 특히 관심을 둔 것은 일식과 월식을 계산하는 일이었다.

'사람들은 일식과 월식이 일어나 태양이나 달이 갑자기 사라지면 큰일이 났다고 생각하고 몹시 두려워한다. 그런 일을 없애려면 일식과 월식의 원리를 알아내고 예측할 수 있어야 한다.'

하지만 일식과 월식의 원리를 알아내는 일은 결코 쉽지 않았다. 이순지는 매일같이 간의대에 매달려 해와 달의 움직임을 기록하고 계산했다. 그리하여 몇 가지 사실을 알아냈다. 지구가 태양과 달 사이에 있고, 지구가 태양의 주위를 일정한 속도로 돌며, 달 역시 지구의 주위를 일정한 속도로 돌고 있다는 사실 등이었다.

"이젠 됐어! 해와 달이 움직이는 원리를 알았으니 일식과 월식은 물론 계절의 변화까지 모두 예측할 수 있을 거야."

그 후로 이순지는 더욱더 열심히 간의대에 매달려 하늘을 관측하고, 그 결과를 바탕으로 별들의 움직임을 계산했다. 쉬운 일은 아니었지만 이순지는 하루도 빼놓지 않고 그 일을 해냈다. 그런데 일을 그만두어야 할 일이 생겼다. 어머니가 돌아가신 것이다. 이순지는 망설임 없이 벼슬을 내놓고 삼년상을 치르기 위해 궁궐을 떠났다.

한편, 세종 임금은 당뇨병에다 등에 종기까지 생겨 몸이 많이 쇠약해졌다. 나랏일을 보기 어려울 지경이었다. 세종은 하루하루

초조했다.

'내가 왕위에 있는 동안 꼭 하고 싶은 일이 두 가지 있다. 하나는 우리 글자를 만드는 것, 또 하나는 우리 달력을 갖는 것!'

세종은 결국 상복을 입은 지 얼마 되지 않은 이순지를 불러들였다. 삼년상을 다 치르지 않는 것은 유교 국가에선 있을 수 없는 일이었지만 세종은 조금도 개의치 않았다.

"그대가 없었다면 난 꿈을 꾸지 않았을 걸세. 그대가 있었기에 하늘이 나와 우리나라에 기회를 주시는구나 하고 생각했다네. 그래서 난 욕심을 내기로 했네. 나에게 새로운 하늘을 보여 주겠다는 맹세를 아직 잊지 않고 있는가?"

이순지는 임금을 올려다보았다. 자신이 궁궐 밖에 있었던 1년 동안 임금은 몰라보게 수척해졌다. 이순지는 임금의 뜻을 누구보다 잘 알았다. 그래서 삼년상을 마치지도 않은 채 궁궐로 돌아왔다. 법도에 어긋나는 일이라며 말리던 신하들도 임금의 고집을 꺾을 수 없었다.

조선 천문학의 수준을 끌어올리다

궁궐로 돌아온 이순지는 임금의 뜻을 저버리지 않기 위해 더욱 열심히 일했다. 1442년에 정인지, 정흠지, 정초 등이 《칠정산 내편》을 펴냈다. 《칠정산 내편》은 1281년 원나라에서 만든 달력을 조선의 한양 위치에 맞게 수정하고 보충해 펴낸 것이었다.

세종은 이순지에게 토지 측량하는 일을 명했다. 이순지는 하연, 정인지, 김담 등과 함께 경기도 안산에서 토지를 측량하는 임무를 맡아 성공적으로 수행했다. 토지 측량은 농업 생산과 세금 징수를 위해 매우 중요한 일이었다.

"이순지가 핵심적인 역할을 했구나. 농사에 중요한 제방을 쌓는 일도 이순지가 맡아서 했으면 좋겠다."

토지 측량을 성공적으로 한 1년 뒤인 1443년 11월 17일, 세종은 신하들에게 말했다.

"수학을 기술이라고 여겨 중요치 않게 생각하면 안 된다. 수학은 국가의 긴요한 사무이다. 토지를 측량할 때 만일 이순지와 김담 등이 아니었다면 어찌 쉽게 측량할 수 있었겠는가. 그러니 산학을 더욱 장려할 방법을 찾아라."

산학은 이제 더 이상 천대받는 학문이 아니었다. 이순지는 고집스럽고 치밀하게 해와 달의 움직임을 관찰해 왔다. 그리고 1444년, 드디어 '조선표 달력'을 만들어 냈다. 이것이 바로《칠정산 외편》이었다.

이순지가 김담과 함께 이슬람의 역법을 연구하고 해설해 편찬한《칠정산 외편》은 아랍 천문학에 바탕을 두고 있었다. 또한 '한문으로 펴낸 이슬람 천문 역법서 가운데 가장 훌륭한 책'으로 평가받았다. 여기서 칠정은 해와 달, 수성, 화성, 목성, 금성, 토성을 뜻하며 태양과 달의 운행, 일식과 월식, 각 행성들의 운행을 정확하게 담은 책이다.

정초의《칠정산 내편》이 한양을 기준으로 한 역법을 정리했다면《칠정산 외편》은 태양과 달, 그리고 다섯 개의 행성이 운행하는 원리를 알아내고 기록한 책이었다.《칠정산 내편》과《칠정산 외편》, 이 두 권의 책을 바탕으로 달력을 만들고, 농사와 축제의 시기를 정했다. 달력을 구하기 위해 더 이상 중국에 손을 벌리지 않아도 되었다.

1444년, 이순지는 나라의 기술과 건설 관련 업무를 총괄하는 임금의 공조 담당 비서인 동부승지(정3품 관직)에 올랐다. 중인들이나 하는 것으로 여겼던 산학이나 천문학 실력으로 그런 높은 벼슬에 오른 것은 이순지가 최초였다.

우리만의 달력이 나오자 가장 많은 혜택을 받은 사람은 바로 농민이었다. 조선 시대에는 백성 중 85퍼센트가 농사를 지었기 때문에 사계절의 변화와 낮밤의 길이, 날짜와 시간 등을 정확하게 아는 것이 중요했다. 그래야 언제 씨를 뿌리고, 농작물을 돌보아야 할지 알 수 있었다. 물론 세종과 이순지의 노력으로 우리만의 역법을 가지게 된 후에도 연구는 계속되었다.

"쉽게 읽을 수 있는 역법서를 만들도록 하라. 역법서라면 이미 《칠정산 내외편》이 있지만, 더 나아가 천문과 역법을 모두 아우르는 책을 펴내길 바란다."

세종의 명에 따라 이순지는 4권 4책으로 이루어진 《제가역상집》을 펴냈다. 이순지는 세종에게 《제가역상집》을 바쳤다.

"1권과 2권에 천문과 역법을 정리했고, 3권과 4권에서는 간의와 앙부일구 같은 천체 기구의 원리와 만드는 법을 설명했습니다."

"그대 덕분에 이 나라가 점점 발전하고 있소. 그나저나 백성들이 쉽게 읽을 수 있는 책이어야 하는데……."

세종의 머릿속은 늘 백성 걱정이었다.

"전하, 천문과 역법을 모르는 사람이라도 이 책을 읽으면 누구나 쉽게 이해할 수 있을 것입니다."

이순지의 말에 세종은 흐뭇한 미소를 지었다.

이순지는 다양한 천문 역법서를 펴냈을 뿐만 아니라 풍수에도 밝았다. 이 모든 것은 이순지의 의지와 열정 때문에 이루어졌다. 물론 세종의 도움도 크게 한몫을 했다. 조선의 천문학은 이순지의 활약으로 동양 최고 수준까지 올랐다. 이순지가 마련한 학문적 성과를 바탕으로 세종은 백성들의 생활을 풍요롭게 하는 정책을 펼 수 있었다.

이순지

조선 하늘의 법칙을 밝힌 천문학자

이순지 공의 활약으로 조선의 천문학은 동양 최고 수준까지 올랐다. 해와 달의 움직임을 치밀하게 관찰해 온 이순지 공은 1444년, 마침내 조선의 달력을 만들어 냈다. 또한, 이순지 공은 세종대왕의 도움을 받아 다양한 천문 역법서를 펴냈고, 세종대왕은 이순지의 성과를 바탕으로 백성들을 위한 정책을 펼칠 수 있었다.

기자는 이제 막 《제가역상집》을 완성한 이순지 공을 만났다.

 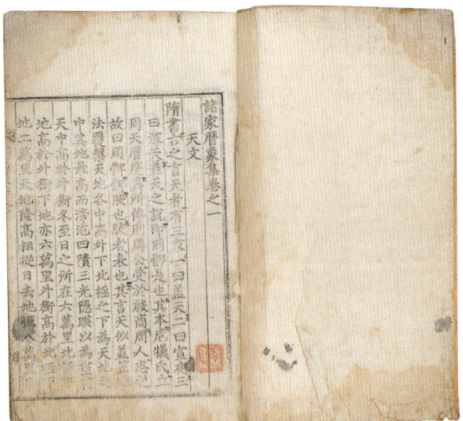

《제가역상집》
1445년(세종 27년)에 이순지가 편찬한 천문 서적.

공께서는 스물한 살의 나이로 문과에 급제하신 후, 승문원에서 외국 문서를 번역하는 일을 하셨지요. 그런데 어쩌다가 집현전에서 역법을 연구하시게 되었나요?

승문원에서 일하던 당시, 저는 산학이라는 새로운 세계에 푹 빠졌습니다. 세상의 이치는 산학을 통해 모두 풀 수 있다고 믿었지요. 자나 깨나 숫자 이야기만 했어요. 어느덧 승문원에서 근무한 지 4년이 지나고, 집현전 안에 있는 역법 교정 자리로 옮기게 됩니다. 역법의 기초가 산학이기 때문에 제가 뽑힌 것이지요. 집현전 소속의 학사로서, 외국의 산학 책과 천문학 책들을 마음껏 읽으며 역법 지식을 열심히 쌓을 수 있었습니다.

집현전에 계시는 동안 한양의 위도를 알아내는 성과를 거두셨지요. 그 후 세종대왕께서는 간의대 책임자로 공을 임명하셨고요. 간의대에서 어떤 일을 하셨나요?

간의대는 하늘을 살펴 별의 움직임과 변화를 관찰하는 천문 관측소입니다. 간의대 위에 놓인 간의는 해시계, 물시계, 혼천의 못지않게 중요한 관측기구였어요. 전하께서는 간의를 통해 해와 달, 오행성의 비밀을 밝혀내기를 원하셨지요. 저는 매일같이 간의에 매달려 해와 달의 움직임을 기록하고 계산했어요. 그 결과를 바탕으로 별들의 움직임을 계산하고, 일식과 월식은 물론 계절의 변화까지 예측할 수 있었답니다.

세종대왕께서는 왜 조선의 하늘에 그토록 큰 관심을 기울이셨을까요?

시간의 흐름이나 계절의 변화를 알면 백성들이 농사를 지을 때나 일상생활을 할 때 큰 도움이 되기 때문이지요. 우리 민족은 삼국 시대부터 중국의 역법에 의존해 살아왔어요. 우리의 것을 새로 만들기보다는 중국의 것을 들여와 조금 고쳐서 쓰는 식이었답니다. 전하께서는 조선의 자존심을 세우기 위해 능력 있는 인재들을 뽑아 하늘을 연구하고, 달력을 만드는 일을 적극적으로 추진하셨습니다.

공께서는 김담 공과 함께《칠정산 외편》을 펴내셨지요. 정인지, 정흠지, 정초 공 등이 편찬한《칠정산 내편》과는 어떤 점이 다른가요?

《칠정산 내편》은 원나라에서 만든 달력을 조선에 맞게 수정한 것이고,《칠정산 외편》은 아랍 천문학에 바탕을 두고 있습니다. '칠정'은 해와 달, 수성, 화성, 목성, 금성, 토성을 뜻하고요.《칠정산 외편》에는 태양과 달, 그리고 다섯 개의 행성이 운행하는 원리를 기록해 놓았지요. 이 두 권의 책을 바탕으로 우리만의 달력이 탄생하게 되었답니다.

우리만의 달력이 생겨 농민들에게 큰 도움이 되었겠군요. 사계절의 변화나 날짜와 시간 등을 정확하게 알아야 한 해 농사를 잘 지을 수 있으니까요. 그럼 가장 최근에 집필하신《제가역상집》은 어떤 책인가요?

《제가역상집》은 누구나 쉽게 읽을 수 있는 역법서를 만들라는 전하의 명을 받들어 만든 책입니다. 4권 4책으로 이루어져 있고, 1권과 2권에는 천문과 역법을 정리했어요. 3권과 4권에서는 간의와 앙부일구 같은 천체 기구의 원리와 만드는 법을 설명했고요. 저는 앞으로도 다양한 천문 역법서를 펴내는 것뿐만 아니라 조선의 천문학을 발전시키기 위해 끊임없이 연구할 겁니다.

인터뷰가 끝나자 이순지 공은 흐뭇한 표정으로 《제가역상집》을 다시 한 번 살펴보았다. 그런 이순지의 모습에서 기자는 천문학에 대한 그의 애정과 열정을 고스란히 느낄 수 있었다.

앙부일구
세종 시대에 가장 널리 사용하던 해시계로, 세종의 명을 받아 이순지가 제작에 참여하였다. 1434년(세종 16년)에 만들어진 앙부일구는 '솥뚜껑을 뒤집어 놓은 모양의 해시계'라는 뜻이다.

부록

역사 선생님이 들려주는 세종 시대 이야기

이성호
(서울배명중학교 교사, 전 전국역사교사모임 회장)

세종, 성리학의 나라 조선을 완성하다

신진 사대부, 조선을 세우다

1392년, 이성계가 왕위에 오르면서 새 나라 조선이 건국되었어. 이성계를 왕으로 떠받든 사람들은 성리학을 받아들인 새로운 선비, 신진 사대부들이야.

성리학은 중국 송나라 때 등장한 새로운 유학을 말해. 유학의 본래 뜻을 되새겨 인간의 본성과 우주의 이치를 탐구하려 했지. 성리학자들은 '사람에게는 각자 주어진 본분이 있고, 이를 잘 지키게 하는 것이 나라를 유지하는 비결'이라고 여겼어. 임금과 신하, 부모와 자식, 남편과 아내처럼 윗사람과 아랫사람을 정해 놓고, 윗사람은 아랫사람을 함부로 대하지 말고 아랫사람은 윗사람을 따라야 한다고 가르쳤지. 같은 이치로 큰 나라는 작은 나라를 보호하고 작은 나라는 큰 나라를 섬겨야 한다고도 생각했어. 성리학자들은 이런 질서를 우주의 근본 이치라고까지 주장했대.

신진 사대부들은 원나라를 통해 성리학을 받아들이고 고려를 비판했어. 엄청난 땅을 차지한 '권문세족'들이 백성들을 괴롭히고 있으니 나라가 제대로 다스려지지 않는다고 본 거야. 게다가 절과 승려들이 사람들을 위로하고 구원하기는커녕 오히려 땅 부자가 된 현실을 날카롭게 꼬집었지.

결국 신진 사대부들은 이성계를 떠받들어 고려를 무너뜨리고 조선을 세웠어. 이들은 당연히 성리학을 통해 나라를 다스리려 했겠지?

건국 초의 혼란과 왕자의 난

이성계를 도와 조선을 세운 대표적인 신진 사대부는 정도전이었어. 정도전은 고려가 망하고 조선이 건국된 것은 '하늘의 뜻(천명)'이라고 주장했어. 천명은 사실 '백성들의 마음(민심)'을 의미해. 백성들의 마음이 떠나면 왕을 바꾸는 것도 가능하니, 왕은 늘 민심을 헤아리고 어루만지려 노력해야겠지? 그러니 왕은 늘 백성을 생각하며 스스로 몸과 마음을 바르게 해야 하고, 구체적인 정치는 민심을 잘 아는 유능한 신하들을 등용해 맡겨야 한다고 생각했어.

이성계는 정도전의 주장을 받아들였지만, 그 아들 이방원은 생각이 달랐어.

'이 나라가 이씨의 나라인가, 정씨의 나라인가?'

이런 갈등은 세자 책봉 문제 때문에 더욱 불거졌어. 결국 이방원은 다른 왕자들과 함께 반란을 일으켜 정도전을 죽이고 세자를 쫓아냈지(왕자의 난). 그리고 큰아들이 왕위를 이어야 한다며 정종을 왕으로 떠받들었어. 동생의 야심을 잘 알고 있던 정종은 얼마 후 방원에게 왕위를 넘겨주었어. 이방원은 드디어 왕위에 올라. 그가 바로 태종이야.

왕권을 강화한 태종

태종은 왕이 된 후 왕권 강화에 온 힘을 기울였어. 이를 위해 먼저 왕족이나 공신들이 거느리고 있던 사병을 모두 없애도록 했대. 결국 사병은 사라졌고 군대는 모두 왕의 명령 아래 놓이게 되었지. 또 이전까지 나라의 중요한 일을 의논해 결정하던 의정부의 권한을 약화시키고, 왕이 직접 6조의 우두머리(판서)들에게 보고를 받고 명령을 내릴 수 있도록 했어(6조 직계제). 전국을 8도로 나눈 후 작은 고을에까지 수령을 파견했고, 16살 이상의 남자들은 모두 호패를 차게 했지. 명나라와의 관계도 잘 풀어서 조공을 바치고 사신이 왕래하도록 했대.

이렇게 왕권을 튼튼히 하고 난 후 태종은 후계 문제를 고민했어. 왕자의 난 때 자신을 힘껏 도와줬던 처가 민씨 집안의 힘이 커지자, 나중에 다음 왕이 외가에 휘둘릴까 봐 민씨 세력을 냉정하게 제거했지. 왕의 외가 쪽 친척(외척)이 왕권을 넘보지 못하도록 미리 단속을 한 거야.

그런데 세자로 세운 큰아들이 마음에 차지 않는 거야. 장자 상속의 원칙을 지켜 어떻게든 큰아들에게 왕위를 물려주고 싶었지만, 갈수록 공부 잘하는 셋째 왕자가 더 눈에 들어왔던 거지. 고민 끝에 태종은 결국 세자를 폐위시키고 셋째 왕자를 세자로 앉혀. 그리고 다음 해에 왕 자리를 넘겨주니, 그가 바로 세종이야.

왕권과 신권을 조화시킨 세종

태종은 왕위를 물려준 뒤에도 상왕이 되어 나랏일을 계속 돌봤어. 특히 관리 등용이나 군사 문제에 깊숙이 관여했지. 이종무를 보내

쓰시마를 정벌한 것은 사실 태종의 일이었어.

　태종이 지켜보는 가운데 왕 노릇을 하는 것은 세종에게 엄청난 부담이었을 거야. 하지만 세종은 공부한 대로 차근차근 나랏일을 해 나갔어. 태종도 세종의 능력을 확인하고 차츰 그에게 모든 권한을 넘겨주었어.

　세종은 성리학에서 말하는 이상적인 왕이 되고자 노력했어. 특히 스스로 성리학 공부에 모범을 보이기 위해 '경연'에 열심히 참여했지. 경연이란 왕과 신하들이 유교 경전을 읽고 뜻을 새기면서 이와 관련된 현실 문제까지 함께 토론하는 공부 모임을 말해. 원래 하루 3번 경연을 해야 하지만 바쁘다는 핑계로 건너뛰는 경우가 많았는데, 세종은 경연을 거르지 않으려 노력했어. 왕이 이렇게 공부를 열심히 하니 신하들도 바짝 긴장하고 예습을 할 수밖에 없었지. 세종은 집현전을 세워 신하들의 공부를 지원하기도 했어.

　세종은 아버지 태종과 다르게 왕권과 신권을 조화시키려 노력했어. 실제로 6조 직계제로 나랏일을 처리할 경우 왕의 부담이 너무 커지고 일 처리가 느려지는 문제가 있었기 때문에, 정승들(영의정, 좌의정, 우의정)의 권한을 다시 늘려 어지간한 일은 의정부가 의논해 처리하도록 했지(의정부 서사제). 이것이 가능했던 것은 황희나 맹사성 같은 유능한 정승들을 믿고 권한을 주었기 때문이야.

백성들을 위한 정치

이런 노력은 결국 '천명'과 '민심'을 떠받들 줄 아는 임금이 되기 위한 것이었어. 조선 시대 백성들 대다수는 농민이었어. 그러니 농업이 나라의 근본이었겠지? 그래서 우리 땅과 기후에 맞는 농사법을 찾는 일은 대단히 중요했어. 세종은 정초를 시켜 경상도, 전라도, 충청도의 경험 많은 농부들의 농사법을 기록하도록 해. 중국의 농사법을 따라 하는 것에서 벗어나 독자적인 농사법을 연구한 거야. 그 결과로 만들어진 책이 《농사직설》이지.

농사가 풍년이 들어도 농민들은 늘 세금 때문에 걱정이었어. 세종은 이 문제를 해결하기 위해 '공법'을 연구했지. 대규모 설문 조사를 통해 새로운 정책의 타당성을 검토한 것은 지금 봐도 놀라운 일이야.

그 밖에 재판을 신중하게 하고 가혹한 형벌을 제한한 것이나, 노비라 할지라도 주인이 함부로 하지 못하도록 한 것, 노비에게도 출산 휴가를 준 것 등도 시대를 앞서나가는 생각이었어.

무엇보다 세종은 백성들이 자신의 뜻을 펼 수 있도록 '훈민정음'

을 만들었어. 한자만으로 충분하다는 신하들과 논쟁을 벌이면서까지 백성들의 편에 선 거야.

성리학의 나라 조선을 완성하다

천명을 받드는 임금은 하늘의 움직임에 늘 관심을 기울여야 해. 하늘은 일식이나 월식 같은 천문 현상을 통해 왕의 잘못이나 세상의 그릇됨을 경고한다고 믿었거든. 그러니 천명을 아는 왕이라면 미리 이런 현상을 예측해 몸과 마음을 깨끗이 하고, 일식과 월식을 맞아야 한다고 생각했지. 그러니 천문을 관측하고 역법을 만드는 일은 너무나 중요한 일이었어. 일식 예측이 잘못되어 벌을 받은 신하도 있었지.

베이징과 한양은 위도와 경도가 달라 중국의 계산법으로는 천문을 정확히 예측하기 힘들었어. 장영실을 등용해 천문 관측기구를 만들어 데이터를 모으고, 이순지로 하여금 '칠정산'을 비롯한 역법을 정비하도록 한 것은 이런 이유 때문이야.

나라의 기틀을 다잡기 위해서는 국경의 확정도 중요했겠지? 최윤덕과 김종서를 보내 여진을 몰아내고, 4군과 6진을 개척한 후 이곳에 백성들을 보내 살도록 했어. 압록강과 두만강이 비로소 우리나라의 국경이 되었지.

아래로는 모든 백성에게까지 성리학의 가르침을 전하려 애썼어. 중국과 우리나라의 충신, 효자, 열녀의 이야기를 담아 《삼강행실도》를 편찬한 거야. 글 모르는 백성들에게 내용을 어떻게 전할지 고심한 끝에 그림책으로 만들었지.

세종 시대는 태평성대였을까?

세종은 성리학의 가르침을 정말 열심히 실천한 임금이지? 그렇다면 세종 때는 모든 백성이 편안한 삶을 누리는 태평성대였을까?

세종은 누구보다 백성들의 생활에 관심을 기울였지만, 그것이 성리학의 범위를 벗어나지는 못했어. 예를 들어, 세종은 백성들이 자기 고을 수령의 나쁜 짓을 고소하지 못하도록 했어. 수령은 임금을 대신해 백성들을 다스리는 백성의 아버지와 같은데, 자식이 아버지를 고소하는 것은 인륜에 어긋난다는 거야. 성리학 안에서는 합당한 일일지 몰라도 백성들 입장에서는 수령의 잘못을 호소할 기회조차 없으니 너무 억울했겠지?

우리가 칭송해 마지않는 한글도 다르게 볼 여지가 있어. '훈민정음'은 '백성을 가르치는 바른 소리'라는 뜻이야. 훈민정음을 이용해 가장 먼저 펴낸 책은 《용비어천가》라는 노래였어. '조선 왕조는 하늘의 도움으로 세워졌고, 왕가의 조상들은 모두 하늘이 도운 성인들'이라는 노래지. 그러니 조선에 충성을 바쳐야 한다는 뜻이야. 결국 임금에 충성하는 백성, 성리학 질서에 순응하는 백성을 기르는 것, 이것이 세종의 의도였던 거야.

그렇다고 세종의 업적을 낮추어 볼 필요는 없어. 민주주의 시대인 오늘날의 잣대로 조선 시대를 평가하면 모든 게 문제투성이겠지. 시대의 한계를 인정하면서 그 안에서 균형을 잡고 잘잘못을 따질 수 있는 안목을 기르는 것도 역사를 배우는 중요한 이유야. 세종이 그 시대의 문제를 누구보다 열심히 풀어 보려 한 훌륭한 임금인 것은 분명한 것 같아. 너희는 어떻게 생각하니?

백성을 사랑한 세종대왕과 훌륭한 인재들

1판 1쇄 발행일 2021년 5월 14일

지은이 안선모
그린이 권문희

발행인 김학원
발행처 휴먼어린이
출판등록 제313-2006-000161호(2006년 7월 31일)
주소 (03991) 서울시 마포구 동교로23길 76(연남동)
전화 02-335-4422 **팩스** 02-334-3427
저자·독자 서비스 humanist@humanistbooks.com
홈페이지 www.humanistbooks.com
유튜브 youtube.com/user/humanistma **포스트** post.naver.com/hmcv
페이스북 facebook.com/hmcv2001 **인스타그램** @human_kids

편집주간 정미영 **편집** 박현혜 박민영 **디자인** 이수빈
사진 제공 국립중앙박물관 문화재청 서울역사박물관 한국학중앙연구원
용지 화인페이퍼 **인쇄** 삼조인쇄 **제본** 정민문화사

글 ⓒ 안선모, 2021 그림 ⓒ 권문희, 2021

ISBN 978-89-6591-421-1 73910

- 이 책은 저작권법에 따라 보호받는 저작물이므로 무단 전재와 무단 복제를 금합니다.
- 이 책의 전부 또는 일부를 이용하려면 반드시 저작권자와 휴먼어린이 출판사의 동의를 받아야 합니다.
- **사용 연령 8세 이상** 종이에 베이거나 긁히지 않도록 조심하세요. 책 모서리가 날카로우니 던지거나 떨어뜨리지 마세요.